志村一隆
SHIMURA Kazu

群像の時代
動きはじめたメディアコンテンツ

ポット出版

群像の時代　動きはじめたメディアコンテンツ●目次

第1章 はじめに
インターネットのセカンドステージ………007
- 第1節 利便性を提供する「流通革命」………008
- 第2節 我々の手に戻る物語………009
- 第3節 消費者主権　Consumerization………011

第2章 ゲーミフィケーションとクリエイティブ………013
- 第1節 アドテクノロジーの息づまり………014
- 第2節 自動化される広告………016
- 第3節 LINE バブルにハマる嫁　リアルタイムなフィードバック………017
- 第4節 教育、販促、人事管理に利用されるゲーミフィケーション………020
- 第5節 ゲーミフィケーションの理論的背景………023
- 第6節 ゲーミフィケーションを利用したコンテンツ………024
- 第7節 インタラクティブ性を持った新たなエンタメジャンルを作る………026
- 第8節 のめりこませる技術………027
- 第9節 モノの価値ではなく、モノとモノの関係性………031
- 第10節 マーケティングやクリエイティブの新たな支柱………033

第3章 スマホ写真家の時代………035
- 第1節 夕焼けにスマホのカメラをONにする………036
- 第2節 直感的な伝達を表現に昇華させるには………039
- 第3節 機械による記録とメディアによる記憶………042
- 第4節 コモディティ化されるリアルタイムと共有………046
- 第5節 「モーメント」を伝えるのがメディアの役割………048
- 第6節 センサーが実現する「星新一」の世界………049
- 第7節 自然が時刻を開放する………051
- 第8節 開放された時刻、コンテンツはどう売るか？………054
- 第9節 リアルタイムをセンサーに、人力でモーメントを………056

第4章 ジャーナリズムを担うのはジャーナリストだけじゃない………059

- 第1節 オープン・データ：政治より行政を変えよう………060
- 第2節 人口は増えたのに部数は減った米国の新聞………062
- 第3節 売却される新聞社………063
- 第4節 アマゾンが買収したワシントン・ポスト紙………065
- 第5節 NPOが担う調査報道………067
- 第6節 ジャーナリズムは新聞記者だけが担うものではない………069
- 第7節 ジャーナリズムに寄付する財団………070
- 第8節 啓蒙の終焉………072

第5章 ゲームが変えるコンテンツビジネス
ウィンドウ戦略の終焉………073

- 第1節 コンテンツのビジネスモデルは3つしかない………074
- 第2節 タイム・ワーナーはメディアを売却して黒字が増えた………075
- 第3節 映像の「流通革命」の終焉でオリジナル制作競争へ………076
- 第4節 ゲーム機メーカーの憂鬱………078
- 第5節 作品からキャラクターへ　ディズニーの新たな戦略………080
- 第6節 映画「後」のビジネスが10年で3倍になった………082
- 第7節 メディア・ウィンドウ戦略からキャラクター・レバレッジ戦略へ………083
- 第8節 ハードを制する戦略の終焉………086

第6章 ポスト・スマートテレビの衝撃………089

- 第1節 再定義されるテレビ市場………090
- 第2節 OSの無料化と機器で儲けないプラットフォーム………093
- 第3節 ルールをチェンジするアメリカの電波政策………096
- 第4節 通信キャリアの狙うスクリーン戦略………100
- 第5節 グーグルが仕掛けるブラウザ主導の映像エコシステム革命………101
- 第6節 クラウドで進むメディアと表現の融合………105

第7章 「時間」と「空間」のメディア論………109

- 第1節 ソト・メディア………110
- 第2節 ソーシャルメディア以前に、リアルが多様化してる………111

第3節　リアルタイムを巡るテレビとソーシャルメディアの争い………114
第4節　映像とそれ以外の表現にある送り手の「時間」強制力………115
第5節　手書きのギャグを「間」で表現する………117
第6節　他者の存在を意識させる　時間を内包するコンテンツ………118
第7節　テレビ三角論　「状況」「情報」を編集する自律的能力………122
第8節　「展示」と「提示」　テレビが三角空間を形成するためには………124
第9節　国境をまたぐメディア………126
第10節「時間」と「空間」　スマートフォン時代に必要な概念………128

第8章　マルチエンディングから ソーシャル・クリエイティブへ………129

第1節　デジタル時代の弘法大師………130
第2節　複製と複層の入り交じる空間で………133
第3節　熟成された記録の表現………136
第4節　コンテンツの絶対的価値と相対化………137
第5節　コンセプトだけが独立する現代アートの世界………139
第6節　作品は誰のものか？………141
第7節　表現をお金に代えるために………145

第9章　メディアは砂場か？ 身体的表現の拡大………147

第1節　身体的田植え体験………148
第2節　味を取るか？ お金を取るか？………149
第3節　食と映像市場………149
第4節　寄合にみる身体的合意形成………150
第5節　身体的読書部活………152
第6節　自産自消するコンテンツ………153
第7節　マインクラフト　創造性を掻き立てる砂場………154
第8節　砂場的メディアなのか？ プラットフォームなのか？………156

第10章　映像の民主化 安価が高価を駆逐する………159

第1節　制約が生むクリエイティブ………160
第2節　ダイジェスト化する思考………161

第3節 実況動画にハマるキッズ………162
第4節 群像時代のテクノロジー………164
第5節 安価な映像が高価な映像を駆逐する………165

第11章 非中央集権化時代のコンテンツビジネス………167

第1節 巨大なクラウド出納簿　ビットコイン………168
第2節 ビットコインをコンテンツビジネスに利用する………169
第3節 大量のコンテンツにモバイル・ペイメント………170
第4節 モバイル・ペイメントの3タイプ………171
第5節 クラウド型スターバックスのモバイル・ペイメント………172
第6節 流通革命段階のモバイル・ペイメント………174
第7節 モバイル・ペイメント拡大とコンテンツ市場………176

第12章 次世代コンテンツビジネスのヒント
コンセプトをつなぎ合わせるプラットフォーム………179

第1節 自動化という代替性の洗礼………180
第2節 表現からコンセプトへの移行………180
第3節 プロットを組み合わせるプラットフォーム………182

おわりに——アジアの片隅で………184
　著者プロフィール………186

第1章
はじめに
インターネットのセカンドステージ

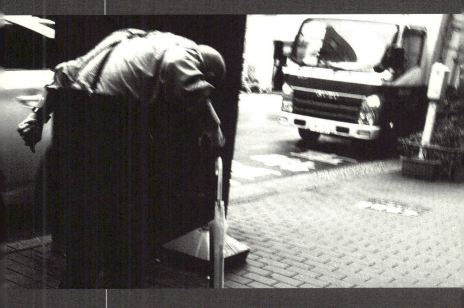

第1節　利便性を提供する「流通革命」

2010年の『明日のテレビ』（朝日選書）や2011年の『明日のメディア』（ディスカヴァー携書）で描いた映像市場のイノベーションは、既存のパッケージをインターネットで効率化する流通革命の話だった。

そんなイノベーションの代表格、アメリカの動画配信サービスであるネットフリックスは、利便性と低価格を武器に、2007年のストリーミングサービス開始から5年で会員数が3,000万件に達し、巨大なケーブルテレビを抜いてしまった。

2008年の夏、北京でオリンピックが開かれたとき、世界にiPhoneは600万台しかなく、iPadは存在してなかった。

あれからiPhoneは5億台以上売れ、北京オリンピックの2年後に発売されたiPadも2億台が売れた。

いま世界でスマートフォンは3カ月ごとに4億台増えている。モバイル版Facebookは4億人になるのに、パソコン時代の半分の4年しかかか

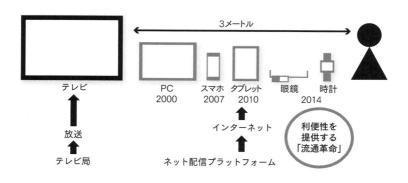

テレビと視聴者の距離「3メートル」にスクリーンがたくさん入り込んだ

らなかった。

2020年には世界で50億台の機械がモバイル・ブロードバンドに接続する。スマートフォンに掲載されるカメラは高解像度になり、搭載されるCPUは高速化した。

かつてプロしか持てなかった機材が世界中にバラまかれ、ネットワーク化される。コネクテッドエコノミーな時代。

利便性を提供し既存のビジネスモデルに代替性を提供してきたインターネットの流通革命は、新しいステージに入るだろう。

第2節　我々の手に戻る物語

2012年春、アメリカでテレビを見ていた私は、通信会社のCMに「あれっ」と思った。

CMに映し出されたアメリカ人たちが庭でBBQしながら、自分のスマホで撮影した動画をアップロード、シェアして楽しんでいたのだ。

なにかが違う。

スマホとソーシャルメディアは「物語」を我々の手に戻した

昔々

昔話は、地域や人によって、少しずつ筋書きが違う。マルチエンディングの原型。

1920年-

20世紀のメディア産業は、同じ楽曲、物語をパッケージにコピーして配布した。

1995年-

インターネットは、物理的なパッケージをデジタルファイルにして配布する「流通革命」だった。

2010年-

スマホの高機能化とソーシャルメディアが、クリエイティブに革命を起こす。

そう。

半年前、同じ通信会社のCMは、「あなたの**スマホで映画**が見れる」だった。

「スマホで映画が見れる」は、コンテンツの流通革命段階の訴求ポイントである。それが、6カ月で、見るコンテンツが変わったのだ。

大きな変化？

映像作品の制作と消費。プロと視聴者の間には明確な線が引かれていた。

2012年の春、バルセロナで売っていたサムスン社製のスマホには動画の編集機能がついていた。

いまでは、YouTubeにもFacebookにも編集機能がついている。プロ並みの機材が手の平にあるのだ。

誰もが映像を撮影、編集できる。

かつて20世紀は映像の世紀だと誰かが言った。

21世紀は？

21世紀こそ、映像の世紀であろう。

ただ、その担い手は一部のプロフェッショナルに留まらず、誰もが映像で表現、コミュニケーションする時代になる。

人それぞれの物語がメディア空間に溢れる、そんな、セルフ・ドキュメンタリーの時代。同じ事件も解釈によって表現が変わる。

コンテンツビジネスの要諦は、著作権とコピー技術の独占だった。スマホなどのデジタル・テクノロジーが、その独占を民主化する。

古典の写本や、むかし話のように人によってあら筋が違う物語が共存する世界。プロの手によってパッケージ化されていたコンテンツをインターネットとデジタル技術が解体し、物語を我々の手に戻す。

流通革命だったインターネットは、これから表現の革命段階に移行する。

マルチエンディング、ゲーミフィケーション、マッシュアップ、キャラクター・レバレッジ戦略などなど。

新たな表現のコンセプトやビジネスの仕方が生まれている。

第3節　消費者主権　Consumerization

我々は、こうしたインターネットが情報流通に起こしたイノベーションと同じことを、モノの輸送で経験している。

18世紀産業革命で蒸気機関が発明されて、鉄道が発達した。馬車が、鉄道に変わる。

馬車や鉄道は、行き先があって、専門の担ぎ手がいて、駅がある。客と運び手は明確に区別されている。仕組みは同じなのである。

ところが、自動車は全く違う。時刻表も行き先も自分たちの自由だ。誰もが、自分の好きなところに行ける。

まさに、オンデマンド。好きなところで好きなドラマを見る、というのと同じである。

iTunesはアルバムをバラバラにし、ラジオはplaylistになり、テレビはYouTubeになる。

いまや、消費者がニュース映像を提供したり、ゲームと映画の境界が曖昧になったり、自分でコンテンツを生産し発信する時代である。

情報の流通革命はモノよりも200年遅れたが、自ら作り出す次の段階への移行は、モノより先行するだろう。

ちょっと前に、プロシューマという言葉があった。「生産者であり消費者である」というアルビン・トフラー（Alvin Toffler）氏1980年の著書『第3の波』（徳山二郎監修、鈴木健次・桜井元雄訳、日本放送出版協会／原題"The Third Wave"）の言葉。いまは、「Consumerization」とも呼ぶ。消費者側の視点であらゆるものを再構築する時代なのである。

その変化は、メディアやコンテンツビジネスに留まらず、個人の働き方、国家のあり方にまで拡大するだろう。

『明日のテレビ』や『明日のメディア』は、馬車から鉄道への変化を描いたものだった。今回は、鉄道から自動車への変化。

それをぜひ伝えたい。

第2章
ゲーミフィケーションと
クリエイティブ

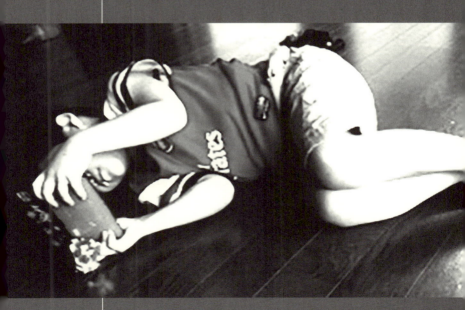

第1節　アドテクノロジーの息づまり

甘い香りがいつも匂ってる水天宮前の交差点。1個120円の人形焼きを頬張りながら、散歩する。

人形町通りにある三日月座。地下が映画館。2階のカフェの壁は、映画のポスターでいっぱいだ。今月は「Sting」。

ミルク紅茶を飲みながら考えた。広告にデジタルが加わり、どうなったか？

3年前、広告は枠売りから行動データを基にしたオーディエンスが販売単位になった。「女性、20代、主婦」というデモグラフィー（属性）じゃなくて、「8月、ハワイ、ダイビング」とか「会社員、丸の内、横須賀線」といった行動データが売り物になったのだ。

アメリカの広告業界の人はこう言っていた。

"Right message to right person on the right time."

①その人にとって「関連性＝Relevant」のある情報であれば、それは

広告の発展―アドテクノロジーまで―

1920年-	1995年-	2009年-
マスメディア	インターネットポータルサイト	ソーシャルメディア
人の集まる場所で宣伝する。それが広告の基本である。	インターネット広告初期段階の広告は、デジタルのマスメディアに広告出稿する形式だった。	アドテクノロジーの発展で、個人へカスタマイズした広告配信が可能となった。

広告として捨てられず、情報として有意義なものになる➡②より精確な関連情報を送るには、データを細分化していく必要がある➡③アドテクノロジーは、そのために必要な技術である。という論法だった。
『明日のメディア』で紹介したように、「BMWを買った人は1週間後に花を買う」なんていうビッグデータ分析をもとにした情報配信や、渋谷を歩いている人だけにセール情報を配信する「ジオターゲティング（Geo Targeting）」広告の技術を開発するベンチャー企業が増えた。
アメリカでそんな話を聞いて、日本に戻ってきたら、とある外資系の広告代理店のお兄さんが会いに来た。
「広告にサイエンスを導入したい」と話す。当時、アドテクノロジーで話が合ったのは、彼くらいだった。
あれから、4年。
より精確なデータをもとに広告を配信する。
ネットを見てると、自分が検索した関連ワードが頻繁に登場する。リターゲティング広告というやつだ。いや、もう興味ないんだけど……。
なんか違うんじゃないか。
結局、情報が精確になろうが、売り手が情報を受け手に流す、情報の方向は変わらない。
そう。
あの馬車と鉄道の話と一緒だ。
アドテクノロジーは、アナログな広告の仕組みのまま、デジタルをツールとして利用する考えなのだ。
世の中には店を開いてモノを売り、それを買う人がいる。そして、常にモノを売る側が宣伝をする、消費者はそれを受け取る。
「企業➡消費者」その関係は不変だ。
関係性が同じまま、デジタルを「ツール」として取り入れるとどうなるか。ターゲティング、タイミングなどを細かく設定するための「ツール」と考えてしまう。マスからOne to One、時間、エリア、行動などなど。
インターネットを細分化に使う。マスからミクロへ。それが、広告の

発展と考えられていた。

第2節　自動化される広告

メディアが分散化され、あまりに細か過ぎると、今度はマーケターが面倒くさくなってくる。そこで、広告の自動化という動きが出てきた。数多くあるデータからターゲットを選択、瞬時に配信する。データ・ドリブンな考え方を支えるプログラマティック（Programatic）広告である。データを集めて分析するDMP（Data Management Platform）を通じて、アドエクスチェンジに広告出稿するわけだ。

しかし、アドエクスチェンジは、メディア側にとって広告単価が低下してしまう恐れがある。そこで、特定の大手メディアと大手広告クライアントをプライベートに結ぶ仕組みが登場している。

アドテクノロジーは、いまマーケターとメディア側のニーズを探りな

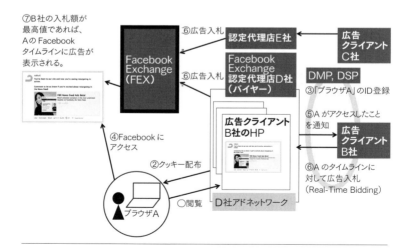

Facebookもアドエクスチェンジを開始している

がら、自らの落ち着く場所を探している。
いままでの広告に比べると画期的だったアドテクノロジー。しかし、結局、広告の大きな理念（企業が情報を消費者に送る）は変わっていない。
けれど、もうプロの送り手が「これは良い」「これが正しい！」と言って啓蒙する時代ではないんじゃないか。
それより、受け手が興味を持ってくれる手法が必要なのでは。
「Consumerization＝消費者目線」を広告に取り入れるとどうなるのか。
ずっと考えていた。
そしたら、30代の編集者が「最近、ゲーミフィケーションが気になるんですよ」と言う。
「なんか、聞いたことあるけど。気にしたことねぇな」
そのときは、それで終わった。

第3節　LINE バブルにハマる嫁　リアルタイムなフィードバック

それからしばらく。3月のある週末。
東京の人形町は桜が8分咲き。まだ3月半ばなのに、4月まで花見の場所取りのテープが地面に貼ってある。
人通りが少ない横丁を切れ込んだ公園でひと休み。
横にいる嫁が、さきほどからスマートフォンをイジっている。
なにかゲームをしてる。
同じ色のボールを落としていくだけの単純なゲーム、LINE バブルという。解説書も要らないほど簡単。
スグ飽きそうだが、もう4カ月以上、季節が変わっても毎日プレイ。
私が寝たあとも、隣でなにか気配を感じる。朝起きると、また1ゲーム。
そんなにオモシロイ？　不思議に思って自分も、しばらくやってみた。
うーん。面白いかな？　でも暇つぶしにはいいか。
ただ、あることに気づいた。
ゲームを起動すると、必ずランキングが表示されるのだ。

そこに友達の点数が出る。友達に抜かれると「うっ」と悔しくなって、友達を抜き返すまでやり続ける。友達の点数が変わってない(ランキングは1週間で更新される)と、「今週はあんまりやってないんだ」と思って、自分のヤル気も消える。
なるほど。
嫁はゲームの面白さではなく、友達との競争にハマっていたのである。
こうしたランキングに一喜一憂して盛り上がる経験は、営業の人なら誰でも持ってるだろう。
壁に貼り出される営業成績の棒グラフ。昔、池袋のネット代理店を訪れたとき、黒字の紙に金色で棒グラフが描かれたのを見たことがある。気合いが入ってる会社だった。
営業と棒グラフ。切っても切れない関係だ。
そして、細かい管理職(細かい=デキる奴と勘違いするタイプ)だと、営業成績の集計期間を、どんどん細分化する。月単位➡週➡日と短くして、「上旬までに月間売上の40%を達成しろ」なんて言われたり。

成績が悪いとだんだん会社に行くのがイヤになる。けれど、成績がいいと不思議なもので、その売上競争にハマっていく。
LINE バブルは、順位がリアルタイムで更新される。ゲームが終わるたびに、ランキングが入れ替わる。
一喜一憂の周期がとても短い。その分、どんどんハマっていく仕組みなのである。
まとめてみよう。
営業成績の棒グラフ、LINE バブルに共通するアイテムは次の3つである。
①成績が数字で明確に表示される（スコア化）、②ランキング表、③ランキング表の頻繁な更新（フィードバック）
この3つがあれば、何かに人をハマらせることができるらしい。
この仕組みを「ゲーミフィケーション（Gamification）」と名付け、もっと違うものに応用できないか？ そんなことを考えた人がいた。もう3年くらい前の話だ。

ゲーミフィケーションの基本機能

①ポイント（REWARD）

ポイント（REWARD）はゲームの基本である。

②バッジ

チェックインアプリの Foursquare は、ユーザーがリアルな店舗情報などをアップする。
ユーザーにとって全くの無償行為であるが、チェックイン数が増えるたびに貰える「バッジ」集めが、その「動機付け」となっている。

③ランキング表

ネット上の友人とのランキングがリアルタイムで更新される。

受け手がハマる技術なら、企業➡消費者でなく、消費者➡企業に関係性を逆転できる。 それこそ、消費者主権なマーケティング、Consumerization時代のマーケティングではないか。
そんなことを思っていたら、サンフランシスコでゲーミフィケーションのカンファレンスがあるという。
行ってみよう!

第4節　教育、販促、人事管理に利用されるゲーミフィケーション

4月のサンフランシスコ。風は寒いが日差しは強い。
ケーブルカーの走るマーケット・ストリートから、通り一つ裏に入った両側にはインド系の古ぼけたホテル、自動車修理工場、ゲイバーが立ち並ぶ。道ばたの消火栓にぼんやりと座る老人。中華系の婆さんが道ばたで行商してる。
そんな光景が20分ほど続いた先にあるレンガ色の建物。
そこで開催された「GSummit」には、実に様々なゲーミフィケーションの事例が集まっていた。

たとえばデルタ航空の社内マイレージプログラムは双六のように他人と搭乗マイル数を競う。ヤマハは散在する自社のウェブサイト、ソーシャルメディアを訪問してもらうためにゲーミフィケーションを応用する。

自分も名前を知っていたペンシルバニア大学ウォートン校のケビン・ウォーバック（Kevin Werbach）教授は、いままでにオンラインコース「Coursera」で80,000人以上にゲーミフィケーションを教え、フロリダ州立大学のエイミー・バスキン（Amy Baskin）教授はゲーミフィケーションを応用した英語文法の補講「Grammar Olympics」を主宰してる。

調査会社のガートナー社は、2016年には世界で70％の企業が、ゲーミフィケーションを取り入れると発表していた。

こうした発表を見て私なりにゲーミフィケーションを定義してみた。

「ゲーミフィケーションは、モチベーションを保つための仕組みである」

モチベーションを保つために、ランキング表を作って競わせる。
だが、これは昔からどんな組織でもやってきたことだ。

しかし、スマートフォンとランキング表を合わせて使うと、結果のフィードバックが瞬時に行われる。勝ち負けがその場でスグにわかる。**リアルタイムなフィードバック。これがゲーミフィケーションのキモである。**
アメリカの通信会社ベライゾンの店舗では、セールス店員の端末販売

「リアルタイム」なフィードバックが人をのめりこませる

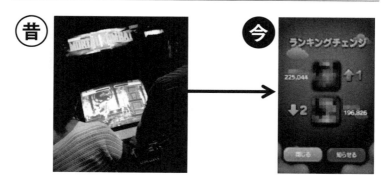

ゲームセンターにあったゲーム機にも「ランキング」は表示された。
しかし、ソーシャルゲームはウェブ上の友人と「**リアルタイム**」にランクが変更、共有される点が特徴。
その「**リアルタイム」なフィードバック**に注目したのがゲーミフィケーションである。

台数が瞬時に更新されるモバイル・アプリを作っている。棒グラフをマジックで書いて紙に貼り出す時代じゃないのだ。

第5節　ゲーミフィケーションの理論的背景

ゲーミフィケーションの基礎理論には、米国クレアモント大学院大学教授の心理学者ミハイ・チクセントミハイ（Mihaly Csikszentmihalyi）が唱えたフロー理論などが用いられている。適切なゴール設定をして、個人の能力を徐々にあげていくという理論である。

ゴールがあまりに簡単だと退屈に、難しすぎると諦めてしまう。その中間のゴール設定がフロー理論の重要なところだ。

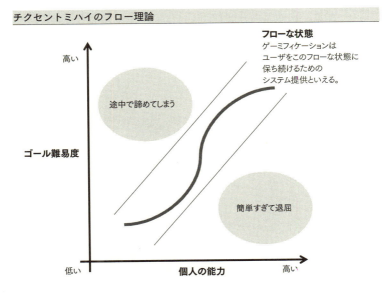

能力とバランスの取れた難易度のゴールを設定することで、人間の能力は継続的に向上する。
能力が継続的に向上している状態を「フロー」と呼ぶ。

つまり、この理論を具現化するのが、3つのツールであり、その設計がゲーミフィケーションのノウハウである。

第6節　ゲーミフィケーションを利用したコンテンツ

利用頻度を上げたり、営業競争にゲーミフィケーションを利用するのは、「完成品」をどう売るのかという解決策である。要は「流通革命」だった。
そのゲーミフィケーションをもっと踏み込んで、コンテンツ作りに活かす人もいた。
ドラマ「HEROES」のプロデュースや「Knight Rider」の脚本家であるティム・クリング（Tim Kring）氏。
彼が2010年にノキアからスポンサードを得て制作したConspiracy For Goodは、アフリカに図書館を寄贈する試みをロンドンにある利権企業が邪魔をするストーリー。
ただ、その仕組みは単なる映像作品ではなく、ファンが映像のなかの物語に参加し、それがコンテンツになっていく仕掛けになっている。

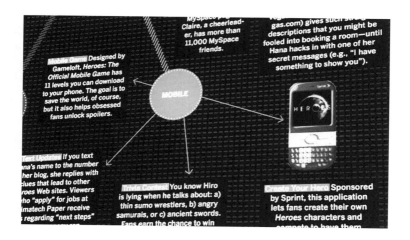

Kring氏が「Conspiracy For Good」で用意した仕掛けと世界観

作品中の存在	作品中の存在だが、ファンはリアルに開催・参加し物語に参加できる	リアルに存在	NGO団体 Room To Read を通じ実際にザンビアに図書館5つ、奨学金基金を設立。Conspiracy For Good のイベント、Twitter などに参加したファンは、自分たちが社会貢献を実現した（つまり、Social Benefit）と感じられる仕組みになっている。
Black Briggs（架空企業。ウェブサイト、本社ビルなどは実在させる） **アフリカ活動家・アーティスト**（架空だが、活動の様子をYouTubeにアップ）	ロンドンで実施されたイベント Twitter ゲーム ウェブサイト	**Room to Read**（アフリカに図書館を建設するNGOが協力）	
いままでの映像作品制作は、この領域の制作を指していた。	作品をソーシャルで応援する仕掛けも、既に広まっている。	作品の登場人物を応援し、悪が倒されることで、図書館建設が実現する。	

たとえば、物語のなかで開かれた記者会見。そこにファンも参加し、カメラが廻り撮影される。作品の1シーンになる。

Conspiracy For Goodでは最初3カ月間ウェブ上でストーリーを公開し、その後ロンドンの街頭で毎週土曜4回に分けて、ファンが参加できる公開イベント（というか撮影）を行った。

さらに、この作品に参加したファンは、最後に作品と協力してるアメリカのRoom to ReadというNGOを通じて、実際に図書館がアフリカに寄贈されることで、社会貢献に参加することもできるのだ。

クリング氏がこの作品に込めたメッセージは「世界をより良くする」。いままでの映像作品だったら、受け手はそのメッセージに共感し、Twitterでつぶやいたり、Facebookでいいね！と押すことまではできた。**ファンが作品に対してできる反応は「賛同を示す」ことに限定されていた。**

ところが、この作品では、**作品の主人公を応援していると、リアルに図書館が寄贈される。**

街なかで開かれるイベントやドラマ内の物語への参加はもちろん、ド

ラマの外に飛び出した社会貢献活動に参加できる。

これは、かなり新たなエンターテイメントの形でないだろうか。なかなか個人では参加できないような貢献活動に関われる「作品」って、いままで見たことがない。

クリング氏はこうした手法を「ソーシャル・ベネフィット・ストーリーテリング」と呼んでいた。

「社会に貢献する」ニーズを映像やイベントで実現させてあげる。そんなこともエンタメ業界の仕事になる。➡目から鱗が落ちた。

第7節　インタラクティブ性を持った新たなエンタメジャンルを作る

コンテンツにインタラクティブ性を。ショービジネスの永遠の命題である。

新しいエンターテイメントの形

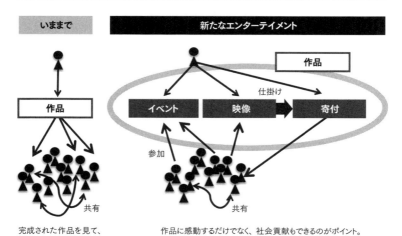

完成された作品を見て、感想をつぶやく。

作品に感動するだけでなく、社会貢献もできるのがポイント。

お題を出して集計するソーシャルテレビ的な番組から、観客の反応によって結末が変わる、女性と男性と違うバージョンを2つ用意する。実験演劇から映像作品まで、いろいろな試みが行われてきた。

しかし、どの仕掛けもそれほど成功していない。それは、**作品はあくまで受身に楽しむものだからだろう。作品はどこまでいっても作品なのだ。**

作品をインタラクティブにするのでなく、インタラクティブ性を持つ新たなジャンルを作る。

それが、クリング氏の活動ではないか。

作り込んだ作品を提示するのでなく、みんなで物語を作れる仕掛けを作る。

今後、クリエイターが担う仕事はその領域であろう。

第8節　のめりこませる技術

ゲーミフィケーションは、神経科学ともつながる。

この辺は『のめりこませる技術』(Frank Rose著、島内哲朗訳、フィルムアー

ト社、2012／原題"The Art of Immersion"）という本が参考になる。
快楽、モチベーションに関連して放出される脳内物質ドーパミンの研究結果をもとにすると、人が何にハマるのか？　つまり、この商品を売るためにどういった物語が必要か？という分析や議論は無意味となる。人は物語がなんであれ、そのストーリー展開、次にどんな展開が待っているかという期待感にハマる。

同書からちょっと紹介しよう。

モチベーションが上がり、なにかにのめりこんでいるときに、ドーパミンが放出される。

なので、ドーパミンがどんなときに放出されるのか検証すれば、人間をどうしたらのめりこませられるのか？を解明できる。

スイスの神経科学者ウルフラム・シュルツ（Wolfram Schultz）氏が行ったサルにジュースをあげる実験を引用してみる。

実験は次のように行われた。

①ジュースをサルに与えるときにピーと音を鳴らす。

②すると、ピーという音を聞いたときに大量のドーパミンが放出されるようになる。（ジュースを飲むときではない）

③ところが、慣れてくると、次第にピーが鳴ってもドーパミンがまったく出なくなってしまう。

この実験でわかったのは、

a）ドーパミンは、ジュースそのものには反応せず、音に反応し放出される。

b）音が鳴ると必ずジュースが貰えることがわかると、次第にドーパミンは放出されなくなる。不定期に音を鳴らしてジュースを与えない回数を増やすと、またドーパミンは音に反応し始める。

この結果から言えることは、サルはジュースじゃなくて、ジュースが飲めるかどうかの期待にひきこまれてる。

そして、「その期待値が半々のときにいちばん激しくドーパミンが放出される」という。

「報酬があるから、ドーパミンが放出されるわけではないのです。"不確実性"こそが放出を促すのです」（ポール・ハワード＝ジョーンズ／Paul Howard Jones博士）

不確実性。

そう。動物が獲物を探しに狩りに出る。上手く見つかるかは、わからない。ただ、食料は必要だ。だから、狩りには行かなきゃ。

ドーパミンは、可能性は半々で面倒だけど狩りに出なきゃっていう動機に関係してる。

「ゴールを獲得することではなくて、ゴールを探す行動こそ、ドーパミン反応を促す」

とにかくまず行動せねばゴールが得られないってことをドーパミンが動物に後押しする。

要は、**ゴール設定に加えて、行動を促す仕組み（「不確実性」を組み込もう）を入れると、人間をうまく動機付けられる**ってことだろう。

このドーパミン研究、モノ作りに携わる人にはちょっと刺激的な結果じゃないだろうか。

というのも、サルにとってジュースより「ピーという音」のほうが効果があるってことになってる。

それって、サルを食いつかせるためには、より美味しいジュースをチラつかせてもダメってこと？

普通の感覚だったら、人の気を惹くのに、もっと美味しいもの、もっと美しいものを作るように頑張る。

でも、ドーパミン研究は、**「改善すべきはそこじゃない」「モノじゃなくて関係性を改善、つまり不確実な偶然を取り込めばいいのだ」**と言ってる。

いいコンテンツだから売れるのか、そうでなくとも売れるのか、売れたのがいいコンテンツなのか……。

そもそも、いいコンテンツの「いい」ってなに？ 我々はいつも悩んでいる。
じゃあ、このドーパミン研究をクリエイティブ活動にどのように活かせばいいんだろう。
『のめりこませる技術』から、もう一節引用してみよう。
「物語世界にあなたを招きいれるような物語は、必ずあなたの探餌本能をくすぐる。人間は無限に捜し求めるものだ」
「物語世界にあなたを招きいれるような物語」とは、仕掛けとでも言い換えられるだろうか。
ドーパミンがコンテンツ自体には反応しないのならば、コンテンツのなかに、不確実性、ギャンブル性を入れていけばいいのか。

第9節　モノの価値ではなく、モノとモノの関係性

このコンテンツの良さを追求する指向性と仕掛けを考えるうえで、思い浮かべたのが、村上春樹氏のこの言葉。
ウェブから引用してみる。
「極端なことを言ってしまえば、小説にとって意味性というのは、そんなに重要なものじゃないんですよ。大事なのは、意味性と意味性がどのように呼応し合うかということなんです。音楽でいう『倍音』みたいなもので、その倍音は人間の耳には聞きとれないんだけど、何倍音までそこに込められているかということは、音楽の深さにとってものすごく大事なことなんです」（白水社のウェブから　村上春樹・柴田元幸『キャッチャー・イン・ザ・ライ』を語る）
「大事なのは、意味性そのものよりも、意味性と意味性がどのように呼応し合うか」という指摘は、よりよいモノを作るというより、あるいはよりよいモノを作るには、モノ自体のバリューを2倍にするんではなくて、**バリューとバリューをどうつなげるかの関係性にある**ことを言ってるんだろう。
その関係性は、ドーパミン研究からいえば、不確実性か？

何かいいことを言おうとするんではなくて、驚きのあるつながりを込めるってこと？

「へぇ〜」っていう驚きを盛り込みゃいいの？

それが、「のめりこませる」技術ってことか。

いままで、マーケターはモノを売るための物語を熱心に作ってきた。しかし、ゲーミフィケーションからの思考は、ムリやりな物語作りは不要であることを指し示す。

ティム・クリング氏のソーシャル・ベネフィット・ストーリーテリング、ドーパミンの研究、ゲーミフィケーションの三種の神器（ランキング・バッジ・ポイント）、これらを組み合わせると、オンデマンド時代にあったマーケティングや新たなコンテンツの可能性が浮かび上がる。

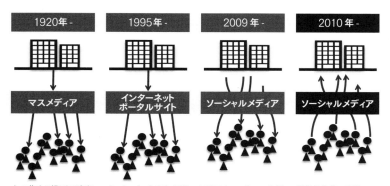

プッシュ型からプル型に —消費者をのめりこませる—

1920年-	1995年-	2009年-	2010年-
マスメディア	インターネットポータルサイト	ソーシャルメディア	ソーシャルメディア
人の集まる場所で宣伝する。それが広告の基本である。	インターネット広告初期段階の広告は、デジタルのマスメディアに広告出稿する形式だった。	アドテクノロジーの発展で、個人へカスタマイズした広告配信が可能となった。	消費者主権の環境下では、企業は消費者を引き込む必要がある。

第10節　マーケティングやクリエイティブの新たな支柱

のめりこませる技術＝ゲーミフィケーションは、消費者主権な世の中になったときに、マーケティングやクリエイティブの理論的支柱になりうる動きである。

コミュニケーションの方向性が変わったときのノウハウとして、ゲーミフィケーションはマーケティングイノベーションである。

また、作品に感想を共有するしかできなかった従来のソーシャルメディアから、作品に参加し、感動だけでなく社会貢献できる枠組みを考える新たなエンターテイメントのジャンルも生まれる。

インターネットが与えたオンデマンドやカスタマイズというコンセプトは、「企業が消費者へ生産材を売る」という当たり前の仕組みだけでなく、参加して作り上げるという新たな消費者行動を生み出していく。

そして、デジタルな道具の発達が、**消費からレンタル、レンタルから生産へと、我々の思考回路を変えていく。**

それは、企業の立ち位置も変えるに違いない。

第3章

スマホ写真家の時代

第1節　夕焼けにスマホのカメラをONにする

晴れた冬の夕暮れどき。雪が降ってる朝。雨上がりの虹。
「これは来るな」と思ってると、ソーシャルメディアのタイムラインに、友人がアップロードする夕焼けや雪、虹の画像がズラーと並ぶ。
みんな美味しい食事や、キレイな夕焼けに出会うと、反射的にスマートフォンに手が伸び、カメラをONにする。
そんなスマホ写真家の時代。
スマートフォンはスクリーンであると同時にカメラでもある。
画像や映像の表現や配信は、テキストよりも難しい。
しかし、文章を書くのは、写真を撮るより難しい。
なぜなら、人間は文字でモノゴトを感じてるわけではないし、文章は一度に一つのことしか伝えられない。文字は画像に比べ情報量が圧倒的に少ない。Twitterの1回のつぶやきは140字。画像1枚の情報量より少ない。映像となると、画像を1秒間に30枚も使う。
つまり、情報量の少ない文字で、多くのことを伝えるには、要領よく順序立てしなくてはならない。それでも、受け手は表現者と同じ光景に辿り着けるかはわからない。

ところが画像や映像であれば、情報編集に時間が掛からない。

「キレイ！➡スマートフォン➡撮影➡アップロード」に10秒くらい？瞬間的で直接的な反応だ。

俳句のように言葉の選択も不要。

情報を削ぎ落とす前に、発信が終わっている。

世界中で無数のスマートフォンがカメラとなり、直感的でより直截な表現の画像や映像がリアルタイムに溢れていく。

最初、こうしたイメージは、素人による素人のためのものだった。

それが、その機動力を利用しようと、マスメディアが、素人を組織化し始めた。CNNのiReportはそのいい例だ。組織化してなくても、偶然その場にいた人が撮った映像をニュースで見るのは、もう珍しくない。

そして、2012年のロンドン・オリンピックの開会式で、選手が次々と画像をツイートしていたように、**カメラは素人だけど、発信力のある**

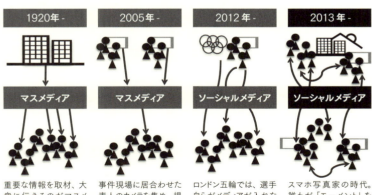

事件の「中の人」が直接発信する─スマホ写真家の時代─

プロスポーツ選手やアーティスト、政治家が自分で発信を始める。
ゲーム直前の様子や、メディア立入禁止の場所からでも画像付きでツイートする。
一般人から有名人が発するものまで、直感的な画像がソーシャルメディアに溢れていく。東日本大震災後の直感的で直截的なつぶやきがソーシャルメディア上に溢れた。いまでも、それはヘイトスピートに受け継がれている。そうした万人の声を編集するのがメディアではないかという議論もあった。
トーマス・デマンド（Thomas Demand）というドイツ人のアーティストが、こんなことを言っている。
「誰もが直感的に写真を見るようになり、〈中略〉 実際に現場にいる人物が発信するイメージが、強いインパクトを与えます」（雑誌「IMA」、アマナイメージズ、2012年8月29日）
トーマス・デマンド氏は「誰もが写真家」が発信するより直感的なイメージが社会で共有される、と指摘する。（彼のFukushimaという作品は、原発事務所の様子を模型で再現し、それを撮影したものである。模型制作で彼の編集視点が加わり、直感的な写真とは違う。とても思想性の高い作品である）
直感的を言い換えると、伝達となろうか。 記者会見の模様、試合の結果をそのまま伝えるストレート・ニュース。
しかし、伝達は、デジタルで最も中抜きされやすい行為である。
ロンドン五輪の開会式で、もともと被写体であったスポーツ選手がソーシャル発信をしたのは、そのいい例である。
無数のカメラがイメージを伝える……そんなことを考えていて、「想像の共同体」という言葉を思い出した。
マスメディアが伝える同一の情報が遠く離れた人同士の連帯感を生む。かつて、そのことをベネディクト・アンダーソン（Benedict Anderson）は、「想像の共同体」と呼んだ。
均質化された情報がマスメディアを通じて社会に行き渡ることで、われわれの生活には共通の記憶が生成される。
空間と時間を超える想像の共同体は、近代国家の礎であろう。

マスメディアの中でも、情報伝達の一方向性と同報性という特徴を持つ放送は、国家にとって共同体形成の強力なツールである。
しかし、ソーシャルメディアやインターネットは、情報伝達の方向が一方向でもなければ、同報性もない。
情報拡散は、個人次第である。
東日本大震災後、スマートフォンから発信されるツイートは、マスメディアの情報に対するセカンドオピニオンとなり、われわれに正しい情報とは何かを考える欲求を喚起した。
情報流通の仕組みが大きく変わるとき、国家を想像の共同体として意識し続けることができるのだろうか。
それとも、身近なコミュニティしか想像できないのか。小さなコミュニティが連携する連邦制的な共同体が現実的なのか。

第2節　直感的な伝達を表現に昇華させるには

20世紀初頭、ヴァルター・ベンヤミン（Walter Benjamin）は言った。
「複製芸術（写真）にオリジナル作品の良さ（アウラ＝aura）はあるの

か?」(『複製技術時代の芸術』佐々木基一編集、晶文社クラシックス、1999)

ロンドン五輪の開会式会場で数万人が記録したスマホ写真の1枚1枚は、表現された作品ではないだろう。

しかし、そのスマホ写真の集合体には、アウラが存在するのではないか。

そして、スマホの高機能化と数万のリアル性という時間が、それらのイメージのうち数%を作品に昇華させていくに違いない。

InstagramやLINE camera(2015年4月、aillisに名称変更)で、色調や構図を変えたり、スタンプや文字入れができる。

「夕焼けキレイ」と思った瞬間に、地平線をまっすぐに切り取るのか、少し斜めにするのか? スマホのレンズを空に合わせるのか? 地上に合わせるのか?(それによって空の色が変わる)

こうした無数の経験が技術を向上させる。素人による素人のためのイメージが表現に昇華する。

直感的な伝達を表現に昇華するには

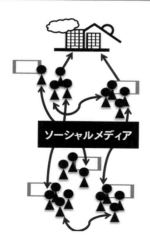

無数の経験が技術を向上させ、直感的な写真が自律的に共感者を呼び、表現に昇華させる

我々はこの10年、インターネットのオープンソース環境で、無数のエボリューションがイノベーションを興してきたのを目の当たりにしてきた。

それと同じく、**表現分野のオープン・イノベーションが、次の10年で確実に起きるに違いない。**

YouTubeで独学した女の子の熱唱がプロを驚かす。14歳の女の子の早弾きが、エドワード・ヴァン・ヘイレンを驚かす。

こうした無数の表現が受け手を求めて空間を彷徨う。

つまり、編集やキュレーション的なメディア機能は作品に内包され、作品＝表現がネットワーク空間を俳徊しながら、コミュニティを形成する。

マスメディアは表現の調停機能を持ちながら、コミュニティ（小ネットワーク、ミドルサイズのマスメディア）と共存する、それがマスとソーシャルの情報空間の姿ではないだろうか。

表現が受け手を探す様子は、メディアの時間で受け手（視聴者）を探すだけでなく、同じ思考を自律的に空間で探す姿である。

こうして考えると、無数のスマホが普及する社会と個人の調停役として、メディアを考える背景には、テレビ論で求められた時間に加えて、空間をその視点に入れることが必要であることがわかるだろう。

第3節　機械による記録とメディアによる記憶

無数に集まる情報の編集という意味では、こんな面白い事例がある。
リドリー・スコット（Ridley Scott）という映画監督。あの「ブレードランナー」の監督だ。
彼は、YouTubeに「Life In A Day」という映画？を発表してる。今でも見れる。Life In A Dayは、ある日の出来事を世界中の人から送ってもらった映像で繋ぎ合わせた作品だ。
その日本版もある。2012年10月に劇場公開された。
プロジェクト名は「JAPAN IN A DAY」。
東日本大震災からちょうど1年が経った2012年3月11日、フジテレビと共同で「その日あなたが何をしていたのか映像を撮影して送ってほしい」というメッセージを発表。
8,000本の映像が送られてきた。もちろんスマートフォンで撮影した映像も含まれる。その映像が90分に編集され、公開された。
どうやって編集したのか？
JAPAN IN A DAYのウェブページには、タグ付け（分類）してから、さらに細分化したと書いてある。
なるほど、タグ化。仕事を効率化するのに、昔KJ法というのを習った。付箋に思いついたことを書き留めて、ボードに貼っていく。似たようなアイデアをまとめて、仕上げる。

JAPAN IN A DAYには、職業（プロ）としてのレンズ、視点、被写体を見つめる視線はない。
1万人以上もの人が個々に楽しいと感じたり、伝えたいと思った映像の集合だ。
プロ＝職業として切り取った情報がいっさいない。

スマホ写真家の時代 第3章 043

ただ、編集作業はプロが行う。
そのため、ソーシャルメディア的なユーザー視線とプロの一人称視点が混じった面白い作品になっている。
この作品を見て、TBSメディア総研元社長の前川英樹氏の論文「〈3.11〉はメディアの現在をCTスキャン〈断層撮影〉した」(ネット・モバイル時代の放送:その可能性と将来像／日本民間放送連盟・研究所編)を思い出した。
メディアが事象をスキャンしたのではなく、3月11日がスキャンした。
印象に残るタイトルだし、なんかとても不思議な感覚になる。
その不思議な感覚は、この論法をJAPAN IN A DAYに当てはめると、こういうことだったのかと腑に落ちる。
「2012年3月11日が我々をスキャンした」
スコット氏の「○○ In A Day」プロジェクトでいちばん大きなタグは日付である。ある特定の日で、個々の生活視点を編集すると、普遍性を帯びる。
Life In A Dayには、世界各地の朝の映像が続くシーンがある。そこで描かれるのは、ロンドン時間朝8時の地球上の出来事ではない。世界

各地の朝8時、もっと言えば、時間も関係なく、たんなる日の出だ。そんな自然の現象に各々違う目線で対峙しているのが、本来の人間の姿なのである。

このリドリー・スコットや前川英樹氏の論文に触れると、**個々の「一人称目線」を集合させたものが、公共の空間なんだってことを改めて**実感させる。

社会は国家が作るものではなく、個人の集合体が社会であることの再認識。上から目線でなく、下から目線、消費者目線だ。

オリンピックや事故・災害、革命といった人間の起こすニュースは、数値化できないし、センサーで記録もできない。個人がスマートフォンで記録する。

メディアの役割はそうした記憶の編集になっていくのだろう。

そこで気になるのが、機械はどこまで編集できるのか？ 編集するって役割は人間に残るんだろうが……。残るとしてそれはどの程度なの？って点だ。

ちょっとインターネットをイジっている人なら、RSSリーダーを使って、世界中のニュースを毎朝チェックしてる。

Twitterをフォローしてるなら、もう古いがpaper.liというサイトを知ってるだろう。自分がフォローしてる人のニュースを雑誌のように見やすく自動編集してくれる。
善意で行われるTwitterのキュレーション活動をフォローしてもいい。ウィキペディアやNAVERまとめを見てもよい。
Googleで検索画面に夕焼と打ち込み、画像検索をしてみよう。いまはどの検索サービスも格好よく作ってあるから、即席の夕焼け写真集ができあがる。
Macに最初から入っている画像アプリiPhotoに画像を保存すると、自動で似た顔を判別して、タグ付けしてくれる。そのタグをクリックすれば孫や嫁だけが写っているアルバムができる。
写真でできるなら、動画でもできる。なぜなら映像は写真が何枚も重なったものなのだから。
こうした並べ替え的な編集は機械がやってくれる。
JAPAN IN A DAYのタグ付けは、タグの中身と選び方に意味があった。それを機械が自動で「朝っぽい映像」「水が映っている映像」みたいな選別をする。選別された映像を、朝から夜まで順番に繋いでいく。
それってどんな作品になるのか。
テクノロジーは、編集作業を効率化する。そのテクノロジーは、クリエイティブや編集の役割を減らす。いっぽう、ユーザーから見れば、無料のエンタメが増えていく。
「儲からなかったら、誰がコンテンツを作るのか?」
そんな疑問が必ず出てくる。
米国のコピーライターは、この5年で半減した。生活できなかったら辞めていくのだ。
何にせよ個々人が表現することが必要なのだろう。
しかし、**表現するためには、メディア情報からの自立と、国家と距離感を持った生き方（経済的な自立が必要だ）が必要**である。

第4節　コモディティ化されるリアルタイムと共有

ゲーミフィケーションのポイントは、リアルタイムなフィードバックだった。スマホ写真家も無数のリアルタイムを共有する。

リアルタイムなコミュニケーションが、人間は好きらしい。というより、電話やテレビが無かった時代は、壁の伝言くらいしか非同期コミュニケーション手段がなかったわけだから、当然と言えば当然だ。

こうした同時コミュニケーションの強力な装置であるテレビと電話は、二つの面からその存在価値が低下している。

まず、リアルタイムを共有する装置が増えた。

1996年から18年で、固定電話は約3,149万件減ったが、ケータイ電話は約1億3,139万件増えた。**差引9,990万件、リアルタイム共有装置が増えたのだ。（ケータイ電話はテレビ以来のリアルタイム共有装置である）**

スマートフォンを使って、通勤途中にチャットしたり、LINEゲームでスコアを共有する人。NIKE＋を使って走った距離を他人と共有する人。

テレビが時間を刻んでいる間にも、個人がいろんな行動をリアルタイム共有している。

Twitterのおかげで、テレビの共有行動は、翌日の職場から番組視聴中にTwitterで済ますエア茶の間に移った。ゲームもリアルタイムでランキングが更新される。営業管理も、広告出稿も、販売促進も……。リアルタイムなフィードバックがどんどん増えている。（こうした動向を捉えたのがゲーミフィケーションである）

ふたつめは、リアルタイムの共有方法が少し変わってきたこと。電話は同時＝リアルタイムな会話だ。テレビの生放送もそう。しかし、**録画や留守電、それにメールは、タイムシフトなコミュニケーションである。**そして、Twitterは特定の誰かとのコミュニケーションではない。コミュニティへの共有である。

ちょっと前だと、留守電よりも電話に直接出て話すのが礼儀正しいとされていた。いまは、相手の時間を奪うからという理由で、電話より

共有装置の増加→共有のコモディティ化

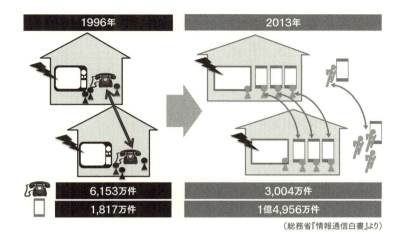

(総務省『情報通信白書』より)

「リアルタイム」のコモディティ化

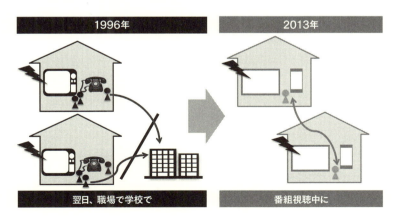

メールのほうを好む人もいる。いまさら、メールだからといって失礼だ！という人はいないだろう。

つまり、「同時＝リアルタイム」自体の価値が低下しているのだ。

リアルタイム性自体の価値、共有装置の増加。

この結果、リアルタイム装置としてのテレビの価値も低下しているのである。

第5節　「モーメント」を伝えるのがメディアの役割

共有装置が無数に出現したおかげで、コモディティ化してしまったリアルタイム。そのリアルタイムにどう付加価値を付けるのか。

ヒントは、モーメントという言葉にある。

2013年9月。雨のロンドンでメディア系のカンファレンスが開かれた。そこで、イギリスの公共放送BBCのマーケティング責任者ボウマン氏は、「モーメントを切り取ることがメディアの仕事である」と語っていた。

ほかにも、Twitter、音楽配信サイトの「Spotify」など、あらゆるメディアがモーメントを届けることをアピールしている。

モーメントは、機能を示すリアルタイム性よりも、もっとコンテンツ寄りのニュアンスを含んでいる。

その瞬間の感動といった意味合いである。

「ソーシャルメディアが『リアルタイム』に増幅させるのは『視聴率』でなく『モーメント』である」 こんな使い方だろうか。

今後、モーメントはメディア論のキーワードとして多用されるに違いない。

ボウマン氏は、講演の最後に「There is no business without audiences and no audiences without content（オーディエンスがいなければビジネスは成立しない、そしてコンテンツなくしてオーディエンスは存在しない）」と結んでいる。

4年前、カリフォルニアの青い空。サンタモニカで開かれたカンファレ

ンスで、「低画質のコンテンツでも視聴者は気にしない」と広告会社の人が話すのを聞いて、ちょっと衝撃だった。利便性の向上や既成概念を打ち破るための言葉だったと思うが、デジタル系アドエージェンシーの人の中では、結構そんな風潮が普通だった。

しかし、ロンドンのカンファレンスではコンテンツの質＝モーメントに言及する話が増えている。インターネットが新たなクリエイティブを生み出す段階に入り、潮目が変わったと感じた。

リアルタイムがコモディティ化したいま、テレビも自らのリアルタイム性をモーメントに昇華すべきであろう。

第6節　センサーが実現する「星新一」の世界

Twitter、Instagramなどなど。リアルタイムの共有装置が増えたおかげで、リアルタイムは価値のあるものというより、単なるツールになってしまった。

リアルタイムがコモディティ化されてしまうのは、テレビだけでなくソーシャルメディアも同じである。

それは、データ入力が、人力から機械に変わるからである。

ちょっと見てみよう。

2013年1月、ラスベガス。

いつものように家電見本市に取材に来た私は、会場の熱気あふれる混沌さに期待感を高めた。

会場には、例年以上に小さなベンチャー企業のブースが立ち並んでい

る。その数3,500社。昨年より1,000社以上多い。こういう雰囲気のときは、当たり年である。

2010年の見本市も、カオス状態だった。スマートテレビの原型、電子書籍リーダー、タブレットなどなど、名も無き台湾や香港のメーカーが、初めて見るわけのわからない機械を大量に展示していた。

まだ大企業が採用に踏み切れない新しいテクノロジーが出る年がたまにある。

久々に見るゲームチェンジャーの匂い。ゲームのルールを変える存在、イノベーションの香りだ。

では、その混沌のなかに、どんなテクノロジーが芽生えていたのか。

注目は、センサー技術。

スマートフォン、車、テレビ、家。いろいろな機械にセンサーが付けられ、天候や空気、人の動きを感知する。

そして、そのセンサーがLTEやWiFiで繋がり、自動で動く。

たとえば、日の出の30分前にエアコンをONにする。夜明け前に暖かく。寝覚め良さそう。

スマートフォンの位置情報サービスも使える。自宅から3km離れたら

共有される情報入力—人力から機械へ—

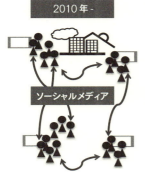

交通情報、自然情報を人力で入力するのが、ソーシャルメディアだった。

単純な自然情報は、機械が行う。

フランス"netatmo"社の空気成分測定センサー

エアコンをOFFにする。逆に、近づいたらONも可能。消し忘れもない。

満月の日は少しだけ家の灯りが暗くなるとか。気温が15度以下だったらお風呂の温度は少し高めにとか。暑い日は自動で涼しげな映像をオススメするテレビ。

人が通るたびにスマートフォンにクーポンを送る機械。変な行動をすると警報装置が鳴る監視カメラ。

「ドラえもん」とか「星新一」の世界だ。

気象情報と家電が結びつくなんて、ちょっと面白い。

第7節　自然が時刻を開放する

じゃあ気象データと家電が結びつくとどんな変化があるんだろう。

単なる便利さの提供でなく、我々の考え方を変え、社会が変わるきっかけになる。

たとえば、エアコンのタイマーで考えてみよう。

私の家のエアコンは6時間後的な時間設定しかできない。それって、便利なようで実は自分のリズムに合ってない。

エアコンの設定するときって、たいていこんな感じ。

「あぁ、眠れる。でもタイマー設定しないと。しないと風邪引くし」

結局タイマーを取りに起き上がる。その結果、目が冴えて寝れない。こんなことがしょっちゅうだ。

なぜなのか。それは、時刻に身体を合わせているから。

朝6時っていうのは時刻であって、時間ではない。そして、自分の身体にとって、必要なのは6時に起きることではなく、6時間睡眠を取ることだろう。

つまり、身体にとっては、時刻よりも時間のほうが大事である。

自然情報が時刻を開放する

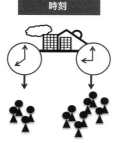

エアコンのタイマー、テレビ編成は、「時刻」で決まる。
毎朝6時に起きるためには、寝る前に時間をセットする必要がある。同じ経度の場所でも、国によって「時刻」が違う。

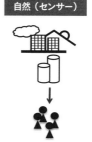

「日の出」の5分前にタイマーセットしとけば、一年中快適な目覚め。

「朝6時に目を覚まさないと仕事に間に合わない」っていう時刻を優先してるのは、遅刻せず働いて生活していくためだ。
朝6時起床が必要なら、その日によってタイマーの入り設定を変える必要がある。
それが日の出の30分前にスイッチオンという設定にすればどうなるか。何時に寝ようが、時間設定する必要はない。起床するのはいつでも日の出の後なんだから。
なんか便利だ。ただ、冬でも朝6時に起きないといけない人は、設定を変える必要があるけど、それも毎日変えるよりはいい。

こうした気象データと家電の結びつきを突き詰めていくと、時刻と時間は違うし、そもそも時刻って誰が決めているのか、という疑問が湧いてくる。
我々が時刻を最初に意識するのは、学校に通う年齢になってからである。
遅刻で怒られたり、電車に乗り遅れたりいろいろな目に遭ってる。
高校時代、家から持っていくお弁当は1時限目と2時限目の休憩時間に全部食べてしまう。早弁だ。いつも思っていた。
「昼飯の開始時刻、もっと早くしてくれ」
サラリーマンは普通昼休みが12時から1時までって決まってる。
髪を切ってたら、美容室のお兄さんがこんなことを言う。
「ランチって、2時くらいがちょうどいいんですよね」
美容室は11時から始まるので、12時＝ランチはチト早いのだ。全然、おなか空いてない。人によって違う。
エアコンのタイマー、ランチ、どうも時刻は身体のリズムに合ってないことが多い。
それでも、なぜ時刻でランチ時間が決まるのか？　経済発展のため？　食っていくため？　リズムを少々壊しても身体は順応する。
ただ、センサーが広まり、気象データと家電が結びつくことで、「12時＝ランチ」と小学校から教えられてきた人たちも、ちょっとなんか変だなと気づくだろう。

そして、**時刻は人為的に国家が決めていることに気づくに違いない。**
チベットに旅したときにとてもビックリしたのだけれど、彼の地は北京と同じ時刻で日常が廻っている。だから、夕方6時といってもまだまだ明るい。
ちなみに、チベットと同じ経度のネパールとは2時間も時差がある。太陽が沈む夕焼け時、ネパールでは6時なのにチベットはもう8時。
チベットの子どもたちは、学校の帰り道、夕焼けを見たり、近所から夕飯の匂いがしてきたり、そんな思い出はないだろう。
時刻を決めるのは、それだけその土地に住む人たちの文化に関わる話である。そして、その時刻がセンサーによって開放されると、なにかが変わるのではないか。政治やビジネスより身近な生活が優先されるだろう。

第8節　開放された時刻、コンテンツはどう売るか？

センサーが集める情報で家電が動くと、とりあえず国家の決めごと時刻から逃れ、身体に合ったリズムで、機械を使いこなすことが可能になる。
それって、エコロジーとか自然にかえって自給自足で暮らすってことだけではなく、自然と家電テクノロジーの共生、商売に使える。
たとえば、アマゾンのレコメンデーションにお天気情報が加わるとどんなセールス文句が考えられるか。
「今日は暑かったですね。涼やかな気持ちになるのに、DVD『ドキュメント知床半島の自然』はどうですか？　このドキュメントを5分見ると3度体感温度が下がります。今日は特別50%OFFです」
猛暑とDVDを結びつけることは普段ないかもしれない。
しかし、ロングテールな商品を売るには、こうした思考が必要だし、オススメのロジックは多ければ多いほうがいい。
なにしろ、ロジックを組み立てるデータは豊富にあるのだから、アルゴリズムを組んでおけば、あとは機械が自動でやってくれる。

それに、行動データだけで作るレコメンデーションは、誰もがもう慣れっこになっている。そこに、**毎日不確定に起こる気象情報を入れることで、新たな出会い=セレンディピティを起こすことができる。偶然のレコメンドが、ドーパミンを放出するのに必要なのはもうわかっている。**

気象データ、その人の嗜好、その日に家に居るといった行動データ、そんなビッグデータをビジネスに利用するには、こうした思考回路が必要である。

こうしたデータの活用が増えると、決算月だから安売りするとか、夏休み公開に合わせてといった売る側の人為的な理由でなく、自然の摂理に合わせた商売、モノの考え方が増えていくのではないか。

人間の生理にあっているから、心地よい。

完成したコンテンツを売るだけでなく、こうしたテクノロジーを作品制作に応用するとこんなことが考えられる。

夕暮れ時のシーンが特徴的な作品を制作、それをアプリとして配信する。

そして、制作者が視聴者にその作品をリアルに日没時の美しい夕焼けと一緒に見てほしいと考えたとする。

それを実現するには、ロケーション情報と日の出時間を組み合わせ、受け手が居る場所の日の出時間の5分前にアプリを起動するというプログラムを組めばよい。

札幌時計台から500メートル以内、ハチ公から300メートル以内、大阪、広島、福岡、沖縄と、各スポットから範囲を指定し、そこにいる人だけに作品を配信する。

配信された人は、ポケットからスマートフォンを出し、夕焼けを見ながら、その作品を楽しむことになる。

放送は、全国一律の時刻しか刻めない。夏の夜7時。北海道ではもう日没後で暗いのに、九州ではまだ明るい。タイムゾーンが4つあるアメリカでは、朝7時から始まるモーニングショーは、録画で放送される。

「時刻」じゃなくて、自然の摂理に合わせて作品を楽しんでもらう。そんなことが、スマートフォンが広まると可能になる。

第9節　リアルタイムをセンサーに、人力でモーメントを

2013年初頭、ラスベガスでこうしたセンサーを利用するベンチャー企業に出会うまで、社会を変えるのは、ソーシャルメディアやスマートフォンだと思っていた。

最近は、おばあちゃん、おじいちゃんまでスマートフォンで写真を撮ってFacebookにアップ、孫からいいね！を貰う。

自宅のマンションのエレベータでよく話しかけられるオバサン。話題はいつも同じ。

「それどお？　私も変えようと思ってるんだけどね」

私がいつもiPhoneをイジってるので、それを見て話しかけてくる。

そうか、こんなオバサンにまでスマートフォンは普及し始めてるんだ。

ウチの母も、美味しかったランチの写真をアップしてつぶやく。

スマートフォンはカメラであり鉛筆、ソーシャルメディアは日記帳なのだ。それを見て、孫やら昔の友達がまだ生きてるのを知る。

こうした個人記録の共有を、みんなで体験する。
画期的だった。
しかし、ハマらないときもある。
嘘を書き込んでライバル店の評判を落とす人、東日本大震災時に流れたデマ、ステマ、炎上などなど。
そんなデマに対して、情報の信憑性を誰が担うのか？という議論もされた。それはマスメディアなのか？　いやせっかく自由に書き込める空間に、彼らが入ってくるのはちょっと、とかいろいろな考えの人がいる。
デマが広まるとソーシャルメディアにこんな反応が表れる。
「一次情報を」「政府の発表は？」「気象庁発表は？」
結局「お上」に情報の正当性を求めてしまう。
ここに自由空間のソーシャルメディアを上手く利用できない我々の限界があった。
それは、ソーシャルメディアには発言する人の顔しか見えない点からくる限界であろう。
世の中、会議や授業でも発言しない人のほうが多い。

しかし、**会議の行方は、そうした発言しない人たちの空気を読み込んで決まる。ソーシャルメディアにそんな機能はない。**

それに世間の大人は、まだまだソーシャルメディアに積極参加していない。だから、ご意見番の役目はお上が担うことになる。杓子定規でない意思決定がリアルな人間関係では重要なのに、お上にそれを求めるのは無駄だ。

そんなソーシャル活動と違って、センサーが集める情報は事実そのものファクトであり、数字である。何ミリ雨が降ったか。気温は何度？ 日の出は何時？ 電車に乗ってる人は何人？ 高速道路を走ってる車は何台？

自動で記録する。24時間休みがない。

それを自宅で計測できる時代が来る。

もう政府発表に頼る必要はない。国家のフィルターを通さずに暮らせる。

これって、結構いいことなんじゃないか。

「いま雨降ってる」とかつぶやく必要ない。センサーがやってくれる。「品川駅混んでる」というツイートも必要なくなる。改札口を通った人数を自動集計して公表してくれたらいい。

いままでソーシャルメディアの発信は無償で善意による行為だった。自分の発信が世の中の役に立つだろうというモラルに頼っていた。

そんな善意のパワーは、センサーが記録した情報を思考するところに向けられるべきである。

第4章

ジャーナリズムを担うのは
ジャーナリストだけじゃない

第1節　オープン・データ：政治より行政を変えよう

センサーが集める自然情報が常識を変える。それと同じ動きがジャーナリズムにも起きている。

TEDというサイトでCode for Americaという団体のジェニファー・パルカ（Jennifer Pahlka）氏がこう言っている。

「行政のほうが政治より生活に密着している。政治より行政を変えるほうがよりよい暮らしになる」

たしかにそうだ。

政治よりも行政のほうが、自分たちの生活に関わることが多い。外交や軍事より、出産補助、年金、保険の手続きのほうが、ずっと人生に関わりがある。

ところが、役所の窓口に行くと、愛想はいいのだがなんかヤな感じのオジサンや、型にハメてくるオバサンの応対にヤな気持ちになる。かなりいいときもあるけれど。

とにかく行政は、役所のためにあるんじゃなくて、市民のためにあるんだから、もっと使い方を市民目線で考えたい。

パルカ氏の考え方は、とても共感できる。
センサーが身近なデータを集めて、自分たちのリズムで生活することになるのと同じ感じがする。
そして、いま世界各国の政府はオープン・データといって、行政データをインターネットに公開している。
たとえば、アメリカでは、人口、就業者数、犯罪件数、建築許可、水道工事などいろいろなデータが公開されている。
いままでも貿易赤字や国債発行額なんて数字は発表されていた。だけど正直、国の借金の額がどれくらいになろうと実感がわかない。普通の人にとって、ちょっと観念的すぎる。
それが「3丁目で50階建てビルの建築が始まるってよ」とか「あんな近くに交番って。要らないっしょ」とか。ビルや道路工事は、話のネタになる。
やっぱり、行政データは生活に密着しているのだ。
そのデータを、Code for Americaのようなベンチャー企業が一般の人が見やすいようにアレンジして、公開している。
たとえば、EveryBlockというサービス。自分の向こう三軒両隣レベルの近所の情報だけをフォローできるサイトである。

行政からの道路工事情報、新たなビル建築許可情報、写真サイトに載った近所の写真、クチコミが投稿されたレストランが自動的にアップデートされる。
近所の人同士が道ばたで会ったときの会話のネタにする情報が掲載され、よりよいコミュニティ作りに役立つことを目指している。

第2節　人口は増えたのに部数は減った米国の新聞

こうしたオープン・データを利用するソーシャルメディア的なサービスは、ローカル新聞の代わりになる。
インターネットが既にある社会の方向性を考えると、地方分権、情報拡散といったキーワードが思い浮かぶ。
それと同じ連想で、メディアもローカル、ハイパー・ローカルへ、なんて方向性がある。ご近所ニュースを報じて、コミュニティに貢献す

アメリカの新聞発行部数は減少。ローカル広告も減少している

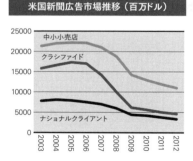

2003年-2012年の10年間で、米国新聞に出稿するクラシファイド広告は110億ドル減少した。
その間、グーグルの売上は15億ドルから46億ドルに増加した。

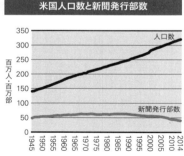

この70年近くで米国の人口は2倍以上に増えたが、新聞部数は70年前とほぼ同じ部数にまで減った。

（数値は Newspaper Association of America,
Editor & publisher International yearbook, Census より）

るコンセプトだ。

しかし、地元の広告を集めコミュニティペーパーを発行するってのは、ちょっと古い。

なにしろ、2003年から2012年の10年で米国ではローカルのクラシファイド広告（バイト募集！とか車買いますのような広告）は1/3、中小小売店からの広告売上は1/2に減った。

誰もが知っている通り、「車、売ります」広告を新聞に出す人はもういない。（私はアメリカから帰るとき20ドル出して、地元の新聞に広告を出した）FacebookやTwitterにつぶやけば充分だ。

それに、ちょっとしたお店だったら、たいていブログや自分のホームページを持っている。

広告にお金を出すより、自分のホームページが検索結果の上位に出るような仕組みにお金を出したほうがいい。

つまり、ローカル新聞に流れていたお金は、グーグルなどのインターネット広告にいっているのだ。グーグルの広告売上は2003年から2012年の10年で31倍伸びた。

そんなこんなで、アメリカ全体で新聞の発行部数は、70年前（1940年代）と同じになってしまった。

それでも、人口が減ってるならまだいい。アメリカの人口は1940年代に比べ2倍に増えている。

人口は2倍に増えたのに、人口に対する新聞の発行部数の割合は半分になってしまった。

第3節　売却される新聞社

ニューヨーク・タイムズの広告売上は2007年から2014年の7年で、1/3になり14億ドル減少した。

いっぽう、紙の発行部数は7年で40％減少したが、デジタル版の読者は91万件もいて、その減数分を補っている。**ニュースの価値は残ったが、広告媒体としての価値が半減してしまったのだ。**

アメリカの主な新聞社の売却

新聞名	売却年	部数(2013.3時点)	元オーナー	現オーナー	売却金額
Boston Globe	2013年	24万部	New York Times（1993年に11億ドルで買収）	John W. Henry 氏（Boston Red Sox, Liverpool Football Club のオーナー）	7千万ドル
地方紙63紙	2012年			Berkshire Hathaway（Warren Buffet 氏）	1.42億ドル
Wall Street Journal	2007年	238万部（デジタル版含む）	Bancroft家	News Corp.	56億ドル
Los Angels Times	2000年	65万部	Chandler家（2000年にTribuneに売却）	現在は銀行などを株主にしたTribune傘下	2007年 Sam Zell 氏がTribuneから82億ドルのLBOで買収。2008年破産申告

（各機関 IR 資料、「the guardian」2012.5.17 より）

つまり、新聞社の危機は、内容ではなくビジネス的な要素が大きい。新聞は残るが、新聞社という形態の議論である。

コンテンツは評価されている。しかし、コンテンツ制作にはお金も労力もかかる。ブログ書くのだって、みんながくだらないと言うテレビ番組だって、お金と頭を使って作られている。ワザとくだらないように見せているのだ。

ニューヨーク・タイムズでは、購読料収入の2倍もあった広告収入が、制作コストを支えていた。その広告収入が半減してしまった。

質の高い内容、たとえば「巨大外食産業の違法投棄」、「医薬業界の違法実験」といった記事に、広告を出したい企業はそれほどいない。

つまり、ジャーナリズムは儲からない！ 企業スポンサーに頼る仕組みは無理がある。

ニューヨーク・タイムズやワシントン・ポストが担ってきた権力監視、社会の木鐸、外交、軍事、医療などの専門的かつ高度な論考は、金はかかるが儲からない。

そして、ジャーナリストが所属する企業としてのメディアの経営も芳

しくない。
それでも大企業、国家権力の腐敗を指摘し続けるチェック機能は社会に必要だ。
どうしたらいいの?

第4節　アマゾンが買収したワシントン・ポスト紙

そんなとき、アマゾンのジェフ・ベゾスCEOがワシントン・ポスト紙を2.5億ドルで買収するというニュースを聞いた。

ちょっと驚いた。と、同時にメディアやジャーナリズムを守るためのオーナー交代なんだろうな、と思った。

多くのアメリカのメディア企業は、傘下にテレビ局や新聞社、出版社を抱える複合体(コングロマリット)である。とくに、新聞社を抱える企業は、ローカル・テレビ局、ケーブルテレビ局なども経営している場合が多い。

ワシントン・ポスト社も、ケーブルテレビ局に地上波テレビ6局、それにローカル紙、ウェブマガジン「Slate」、ミリタリー系の新聞、フリーペーパー、外交関連の雑誌「Foreign Policy」、スペイン語系のフリーマガジン、などを運営していた。

しかし、同社の売上と利益の大半を稼ぐのは、予備校「Kaplan(カプラン:自分も留学時にお世話になった)」を運営する教育部門であった。

ワシントン・ポスト社は、フラッグシップの新聞名を冠していた。しかし、金銭的には新聞部門を支えるために他の事業を行っているようなものである。なにしろ、新聞部門は2008年以降5年間、一度も利益を出していない。

さきにみたように、アメリカの新聞ビジネスが傾いているのは、広告収入が激減しているからである。

しかし、購読料収入はそれほど落ち込んでいない。**ワシントン・ポスト購読者の90％以上はワシントンD.C.エリアに居住している。アメリカの新聞は、ローカルに根差したローカル新聞がほとんどである。**

日本のような大部数の新聞は存在しない。つまり、ローカル広告がアメリカの新聞経営の基盤であり、その制作コストを賄っていたのである。

しかし、新聞のローカル広告、とくに三行広告と言われたクラシファイド広告は、2000年以来、市場規模が1/3に減ってしまった。

そこで、新聞以外のビジネスで新聞を支えることになる。

ところが、支える側のビジネス、ワシントン・ポスト社の場合、教育事業の売上が、この3年で約20%も落ちてしまった。その結果、全社のキャッシュインフローは、3年前の47%に減ってしまっている。**新聞を支えていたビジネスが上手くいかなくなった**のだ。

おそらく、それがワシントン・ポスト社のオーナーが新聞部門をベゾス氏に託した理由であろう。新聞発行＝ジャーナリズムという社会基盤を新たなIT長者に託したのである。（ワシントン・ポスト社は、現在グラ

アメリカの新聞発行部数は減少。ローカル広告も減少している

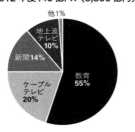

ワシントン・ポスト社の売上の半分以上は、大学受験予備校である「Kaplan」があげ、利益の大半はケーブルテレビ事業がもたらす。

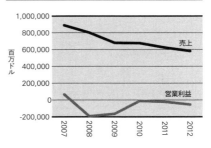

ワシントン・ポスト社の新聞事業は2008年度以降、一度も利益を出していない。
ワシントン・ポスト紙の発行部数は32万部。3年で10％減少。同紙のウェブサイトの月間ページビュー（3.2億件）は3年で20％増加した。それでも、利益貢献にはつながらない。アナログからデジタル移行への難しさである。

（IR資料より）

ハム・ホールディングス・カンパニー /Graham Holdings Company と名前を変え、教育、ケーブルテレビ事業などを行っている)
結局メディアがビッグ・ビジネスになったのは、この50年くらいの奇跡だったのか、メディア、コンテンツで生きていくには、権力に寄り添うか、財力の良心に頼るしかないのだろうか。
そんなことを考えた。

第5節　NPOが担う調査報道

ジャーナリズムを誰が支えるのか？　この議論で必ず出てくるのが、調査報道のNPOである。
たとえば、ウォール・ストリート・ジャーナル元編集長スタイガー氏は財団から寄付を貰い、NPO「ProPublica」を立ち上げ運営している。NPOはNonProfit Organizationの略で、非営利団体のこと。利益を追求しない代わりに税金を納めなくてもよい。
ProPublicaも1年ごとに決算するが、お金が余ると次の年は余らせないような工夫をしている（ようにみえる）。

NPO運営の報道機関（2013年度）

	ProPublica	The Center for Investigative Reporting	The Center for Public Integrity
助成金と寄付金総額	1,376万ドル	723万ドル	746万ドル
支出総額	1,033万ドル	1,052万ドル	680万ドル
社員（記者含む?）	62	83	62
平均年俸	12.6万ドル	9.2万ドル	7.6万ドル
事務費	16万ドル	4万ドル	10万ドル
旅費	43万ドル	39万ドル	19万ドル

（各機関 Annual Report より）

彼らが集める寄付金は、財団からの助成金も含めると、年間1,376万ドルにもなる。

凄い！　寄付文化アメリカ。

ProPublicaには62人の記者がいて、年間100本以上の記事を制作する。年間支出総額は約1,000万ドル（給与含む）。記事1本の制作費は、単純割すると10万ドルだ。制作チームには、映像撮影・編集スタッフ、ウェブ用の編集スタッフも含まれる。文字を書くだけでは、このデジタル時代は充分ではない。

ProPublicaの記事は、ロサンゼルス・タイムズといった大手新聞に発表される。それと同時に自身のウェブサイトで公開される。

もちろん無料で。引用も自由。

ちなみに、アマゾンの電子書籍リーダー Kindle を持っていれば、1ドルで代表的な記事を購入できる。もちろんウェブにも掲載されているものだが。

こうしたNPOジャーナリズムは、他にもたくさんある。ホワイトハウスがあるワシントンには元CBSプロデューサーが立ち上げたThe Center for Public Integrity（最も古いNPO調査報道の一つ）。そして、西海岸にはThe Center for Investigative Reportingがある。

230年前に国ができたときから、市民がお金を出し合ってジャーナリズ

ム＝権力の監視機関を支えている歴史がアメリカにはある。
ジャーナリズム学部がある大学は116校。みんな自分たちの街をウォッチングするウェブを立ち上げている。留学してた大学でもタウン・ミーティングがしょっちゅう開かれてたっけ。
こうした草の根感覚で、ジャーナリスト、寄付する人、読者が繋がっている。**立場は違っても、市民・国民という意味では同じご近所の人だ。**そして、社会の基盤、民主主義を保つために、権力の監視＝ジャーナリズムが必要機能であると共通認識している。
アメリカの調査報道の動きを見ていると、ジャーナリズムは不変だが、それが新聞である必要はないし、新聞社という経営形態である必要もないことを痛感する。

第6節　ジャーナリズムは新聞記者だけが担うものではない

ProPublicaの記事は2010年ピュリツァー賞を受賞した。映画のアカデミー賞、音楽のグラミー賞みたいなもの。
その記事を書いたのは、医師でもあるシェリ・フィンク（Sheri Fink）氏。Propublicaは、こうした医療の専門家、建築、金融などその道の専門家も記事を書く。
専門性のある新聞記者ではなく専門家そのものが調査をして記事を書く。だから面白い。
新聞やテレビの文章は予定調和で少し退屈だ。視点もちょっと新鮮味がない。専門家のほうが違った視点を提供してくれそうで新鮮だ。
米国の新聞記者は2000年から2013年の10年で18,400人減った。そして現在、調査報道を支えているのは、必ずしも新聞社社員だった記者ではない。
ジャーナリズムの灯は消えてないけれど、ジャーナリストの質は変化している。専門的知識と問題意識がなければ、記事が成立しないのだ。
そういう意味で、このNPO調査報道はジャーナリズムのイノベーション。ゲームチェンジャーである。

新聞社がデジタルで有料化したとか、記者が映像編集もするようになった、というレベルの話ではない。
いままでの新聞ジャーナリズムの外側で起こった出来事なのである。

第7節　ジャーナリズムに寄付する財団

こんな現状から考えると、将来のジャーナリズムは下記二つに集約されるだろう。
①医療や経済、外交、軍事の深い論考は、専門家が執筆するNPOが担う。
②地元のニュースは、オープン・データを基にした無料サイトが担う。
どちらも社会に必要なニュース・コンテンツだが、ビジネスとして成り立たない。
このニュース・コンテンツのイノベーションに大きな働きをしているのが、財団だ。
財団といっても、あまりピンとこない。というか、何のイメージも湧

かない人がほとんどだろう。

ProPublicaに寄付金をポーンと出したのは、サンドラー（Sandler）財団。サンドラー財団はHerbert&Marion Sandler夫妻が作った。サンドラー夫妻は、40年以上も経営してきたゴールデン・ウエスト・ファイナンシャル（Golden West Financial）という金融会社を大手銀行に売却したあと、財団を作った。

彼らはほかに合計26財団からサポートを受けている。

そのなかのひとつ、ナイト（Knight）財団は、全米2位の新聞社だったナイト&リッダー社（Knight Ridder）を経営していたナイト一族が作った財団だ。

ナイト一族は新聞社経営を辞めたが、財団を作ってジャーナリズムのイノベーションを後押ししている。

EveryBlockも、ナイト財団のコンテンストで1億ドルの寄付を受けている。

他にもオープン・データを利用したアプリに次々と寄付をしている。1社につき30万から50万ドル。

しかも、モバイル・アプリのコンテストなどさまざまなチャレンジの場が年に数回開かれている。イノベーションのスピードが早いのだ。
こうした寄付を前提にしたジャーナリズムは、日本には成り立たないと思う人もいる。けれど、日本で無理だったら直接ナイト財団に寄付の申込みをすればいいんじゃないか。

第8節　啓蒙の終焉

猛暑が続いた夏のある日、香港から来たニュースメディア幹部が訪ねて来た。インド系美人な彼女が「なぜ、日本ではネット動画が伸びないのか？」とまくしたてる。
僕の答えは「ニュースの受け止め方が変わっている」
ニュースはスマートフォンで通勤やお茶するスキマ時間に消費するものになっている。
それに、作り手が重要だと思ってるニュースが、必ずしも受け手にとって重要ではない。
正しいと思ってることが、作り手と受け手でズレているのだ。
彼女は、ウンと頷きながら一言、"We need to be RELEVANT." 彼女は即座に理解した。
Relevantは関連があるという意味。
オーディエンスにRelevantな広告を配信しなければ、ソッポを向かれる的な文脈で使われる。
広告ビジネスや東京の人形町の居酒屋さんのように、自由競争に身をおく人たちは、お客さんの好みに合わせないと商売あがったりである。
だから、お客さんにRelevantでなければいけない。
「テレビとはこういうものだ！」「ジャーナリズムとはこういうものだ！」という考え方とは違う。これからはオープンデータやセンサーが大量に情報をもたらしていく。そのなかから他人に頼らず、正しさを自分で選ぶのが正しいのだ。

第5章

ゲームが変えるコンテンツビジネス
ウィンドウ戦略の終焉

第1節　コンテンツのビジネスモデルは３つしかない

機械やデータがどんどん表現の領域を狭めていく。新聞社の衰退は「プロ」とはなにか？を考えさせる。

しかし、それでもハリウッドの映画スタジオのように、コンテンツのプロとして頑張る企業もいる。

そこで、映像作品のビジネスはどんな進化をしてるのか？

ちょっとみてみよう。

映像（含めたあらゆる創作）作品をユーザーに販売するモデルは3種類しかない。

①課金、②レンタル、③月額見放題

完成させた作品を売るのだから、これ以上工夫ができないのである。

ケーブルテレビ、IPTV、VOD、SVOD（Subscription VOD）いろいろなサービスが出てくるのは、全て伝送路の違いである。インフラの違いが、流通マーケティングの違いとなって表れるだけだ。

iTunesやYouTubeは、流通マーケティングのデジタル化であった。当時は、「すげぇ」と思ったが、これはまだ流通革命。映像ビジネス全体の半分の革命である。

映像のビジネスモデルは３つしかない

ビジネスモデル	①購入		②視聴権		③無料
	新品	中古	レンタル（VOD）	月額会員制	
ディスク	○	○	○	○	○
ファイル	○	×	○	○	○
提供事業者	Amazon Instant Play, iTunes, Google Play, Walmart, Flixsterなど		Hulu, Netflix ケーブルテレビ		YouTube

第2節　タイム・ワーナーはメディアを売却して黒字が増えた

2009年、「**我々はピュア・コンテンツ・カンパニーになる**」と言ったタイム・ワーナーのジェフリー・ビュークス（Jeffrey Bewkes）CEO。
これも、制作と流通の分離という話だった。
このピュア・コンテンツ・カンパニー戦略以降、タイム・ワーナーの営業利益は増えた。
それから3年後。2012年4月、ラスベガスのコンベンションセンターの壇上で、タイム・ワーナーのテレビ部門WBTVの幹部がインタビューを受けていた。
彼はきっぱりと言う。
「家族で見るテレビ番組は、いまやスーパーボウルだけだ」

タイム・ワーナーはメディア売却後に利益が増加した

	2003-2006年	2009-2011年
営業利益／売上	13%	19%
純利益／売上	9%	10%

（IR資料より）

「テレビドラマは、テレビ局が宣伝してくれるのでマーケティング費用がかからない。そこが映画との違いだ。したがって、WBTVは利益率が高い」

アメリカでは、70年代から90年代まで存在した規制（フィン・シン・ルール）のおかげで、制作者がドラマの著作権を持つ。

ビュークスCEOは、もう一つ重要なことを言っていた。

「タイム・ワーナーが制作するコンテンツは、あらゆるところに流通される必要がある」

彼はその戦略をこう呼んだ。

「TV Everywhere」—テレビを何処にでも —といった意味だろうか。

そう、WBTVは、人気のテレビドラマをインターネットの配信サイトに販売している。

要は、コンテンツの直販体制から、流通をフリー化したのだ。昔は、パナソニックのテレビが、パナショップでしか買えなかったのが、量販店でも買えるようになったのと同じである。

第3節　映像の「流通革命」の終焉でオリジナル制作競争へ

コンテンツホルダーがマルチデバイスに自社コンテンツを配信できる。それは、流通レイヤの技術革新がコモディティ化してることを示している。

Huluの視聴体験の革新は、どの企業も追随できる。ネットフリックスのエクスペリエンスはGOで消滅し、Huluの検索技術もYouTubeと変わらない。ケーブルテレビも衛星放送のDISHもマルチスクリーンにコンテンツ配信を始めた。あれほど輝いていたスマートテレビのベンチャー企業BOXEEは、2013年サムスンに3,000万ドル以下で買収された。

新たな視聴体験は行き着くところまで行き、もはや競争するポイントがない。

結局、ネット企業が提供した利便性競争の優位性はわずか2年で終わっ

てしまった。
価格はどうか。
ネットフリックスの視聴料月額8ドルは、いままでのケーブルテレビの月額100ドルに比べ、破壊的イノベーションである。これ以上は下げられない。
ネットフリックスは、会員一人当たり年間12ドルしか利益を上げない。月額料金8ドルのうち、半分はコンテンツ取得コスト、残り3ドルがマーケティング、インフラ投資、1ドルが利益である。
さらに、ネットフリックスに映画やドラマを卸しているハリウッドの映画スタジオも、自分たちで消費者に作品の直接販売を試みている。
そんな試み、クラウドの仕組みを使ったウルトラ・バイオレットは、映画をデジタルファイルで買い、自分のクラウド本棚（デジタル・ロッカー）に保存する。
つまり、作品のデジタル版保有ビジネスである。
アメリカ、カナダ以外にイギリス、ドイツでもサービスを開始しており、会員1,900万件。日本のディズニーも2013年11月からデジタル・ロッカーサービスを始めている。
流通レイヤでの競争が終わったら、次の競争軸はどこか？

| HBOがオリジナルドラマを制作するには25年かかった。Netflixは15年 |

| HBO | 1972年————————→1997年 |

| Netflix | 1997年————————→2012年 |

コンテンツ制作しかないだろう。
コムキャストはNBCユニバーサルを買収し、ネットフリックスもHuluもオリジナルドラマ制作を始めている。
ネットフリックスの最初のドラマは、ノルウェーのテレビ局と共同製作した2012年2月の「Lilyhammer（日本語でリレハンメル）」。主演は、ブルース・スプリングスティーンのEストリート・バンドで、よくライブ中バック転をしていたギタリスト、リトル・スティーブン。リレハンメル以外にも、2012年後半に「House of Cards」というオリジナルドラマも始まった。
ケーブルテレビのHBOは最初のオリジナルドラマを制作するのに25年かかった。ネットフリックスはストリーミングサービスに移行してからわずか5年。 DVDレンタル時代からでも15年。
それだけ、映像産業の構造変化はピッチが早くなっている。

第4節　ゲーム機メーカーの憂鬱

家庭用ゲーム機市場は、映像と違い、デバイスメーカーがプラットフォームも運営し、良質なコンテンツをサードパーティーが作る。
しかし、任天堂、ソニー、マイクロソフトの3大メーカーの経営はそれほどうまくいっていない。
任天堂は3年連続赤字。売上はピークだった4年前の3分の1になって

しまった。ソニーのゲーム部門が利益をあげたのはこの5年で二度。マイクロソフトのゲームなどのエンタメ部門はウィンドウズ部門の売上の3分の1である。

ただ、2013年は、ファミコンが発売されて30周年。

そこで毎年6月に開催されるゲーム機の祭典E3に行ってみた。

ロサンゼルスは、サンフランシスコに比べ、なにもかもが開放的。カラッとして気持ちいい。同じホリデイ・インも、心なしか部屋の広さが違う。

日差しがオレンジ色の瓦に反射する。

ハリウッドのハイランドから地下鉄に乗る。

乗客の80%は帽子を被り、そのうち20%はタトゥーを入れている。自転車を持ち込む人がいる。おばあちゃんが穀物でいっぱいのビニール袋を持って、僕の隣に座った。

Red LineをBlue Lineに乗り換えて2駅。地上に出てPico駅で地下鉄が止まると、通りの向こうに巨大な建物が見える。壁一面にソニーのプレイステーションの大きな看板。

建物に近づくにつれ、大音量のDJが聞こえてくる。ロサンゼルス・コ

多様化するゲーム

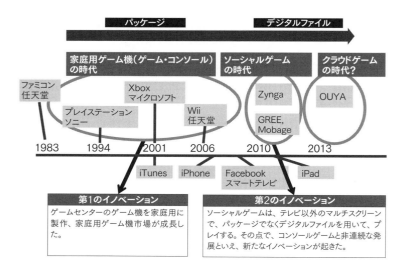

ンベンションセンターには、ソニー、任天堂、マイクソロソフトといった家庭用ゲーム機（ゲーム・コンソール）の3大プラットフォームが大きなブースを出して、人を集めている。

第5節　作品からキャラクターへ　ディズニーの新たな戦略

E3のいろいろなゲームの展示のなかで、いちばん面白かったのは、ディズニーの「INFINITY」というゲームプラットフォーム。
ボードに人形を置いて遊ぶ。ボードを、プレイステーション、Wiiなどに繋げて、ゲームコントローラはうすいコンソールのものを使う。
ゲームはモンスターズ・ユニバーシティやカーズのような映画を元に5種類。
映画を見て自分が好きになった人形を買う。その人形をボードの上に

ゲームが変えるコンテンツビジネス　ウィンドウ戦略の終焉　第5章

映画チケットを13ドルで販売、映画キャラクターを13ドルで販売

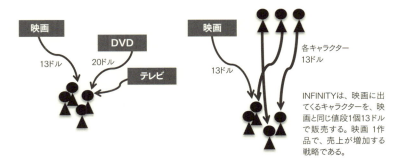

INFINITYは、映画に出てくるキャラクターを、映画と同じ値段1個13ドルで販売する。映画1作品で、売上が増加する戦略である。

置くと、ゲーム内にそのキャラクターが出て来て、それで遊ぶ。
ボード付きのスターターキットは75ドル。人形は1体13ドル。
「13ドル？　ちょっと中途半端だなぁ」と思った。それに、ゲームのキャラクターって普通お金取られるっけ？
いろいろな疑問が湧いたが、スグに「この値段、新作映画のチケット代と同じじゃない？」と気づいた。

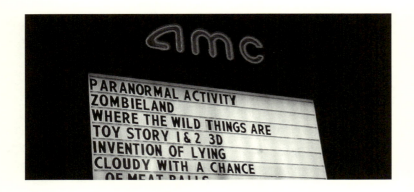

アメリカで新作映画を見ると、大体13ドルくらいかかる。
なるほど。映画じゃなくて、キャラクターに13ドルの値段がついてるのか。
新しい商売だ。

第6節　映画「後」のビジネスが10年で3倍になった

2012年のディズニーの売上は400億ドル。10年前の2002年の売上の約2倍である。なぜ、そこまで成長したのか。
その秘密は、映画「後」のビジネスにある。
ディズニーの映画部門の売上は、この10年それほど変わらない。しかし、グッズ販売とテーマパーク部門の売上は3倍に増えている。
つまり、いい映画を作ったから、ディズニーは成長したのではなく、いい映画を違う商売に活かせたから大きくなったのである。
いまや、「映画」対「映画後」の売上比率は、10年前の1対1から1対3に開いている。
ちなみに、プレイステーションを作り、映画部門もあるソニー。
ソニーの映画部門とゲーム部門の売上の比率は、10年前も今も変わらない。

「映画」の売上：「映画後」の売上の比率

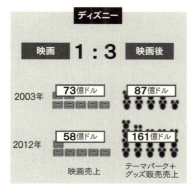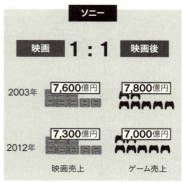

（各社IR資料より）

映画部門はいい映画を作り、ゲーム部門はいいゲームを作る。しかし、お互いに「なにか商売しようぜ！」とはならなかった証拠である。

個々の部門を合わせて、**1+1を２以上にする戦略思考が欠けていた**のだろう。

そして、今回のINFINITY。

いままでの映画とゲームビジネスの関係は、映画作品の横展開という戦略だった。しかし、INFINITYでは、作品のなかのキャラクターがビジネスアイテムになっている。

それを、デジタル・アイテムとして売るのでなく、リアルな人形として売り出す。人形ならお金を払うという、ユーザー心理を上手くついている。

第7節　メディア・ウィンドウ戦略からキャラクター・レバレッジ戦略へ

作品でなくて、キャラクターを売る。これは、ゲーミフィケーションでクリング氏が語っていた話とも通じている。

彼は脚本を映画やモバイルゲームなどの表現形式に変えてビジネスにすることを力説していた。

ディズニーの場合は、脚本にあたるのが、キャラクターである。

キャラクターの資産価値を認め、そのキャラクターを映画やゲームに出演させて儲ける。キャラクター・レバレッジ戦略とでも呼べるだろうか。

なんか新しい！

アメリカのメディア企業が新たな一歩を踏み出してる。

アメリカのメディア企業は、メディア・コングロマリットといって、映画スタジオ、民放テレビ局、ケーブルテレビ局、新聞、雑誌といったたくさんのメディアを買収し、傘下に抱えることで大きくなっていった。つまり、コンテンツを生産し、メディアで流通させる。大きなメディアを持つのが、成長戦略に優位に働いたのだ。（これって、メーカーが販社

コンテンツビジネスの新たな成長戦略

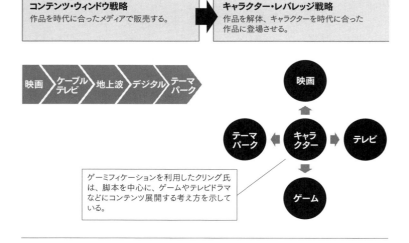

を統合するのと同じ)

ところが、アメリカのメディア・コングロマリットは、2009年のリーマン・ショック後、それまでのビジネス戦略を大きく変えた。

さきに見たようにタイム・ワーナーは、AOL社やタイム・ワーナー・ケーブルを分離。NBCはコムキャストに売却された。21世紀FOXを傘下にもつニューズ社は、新聞部門を分離させた。

メディア部門をどんどん分離させている。もはや、大きなメディアを持つことにメリットを感じてないのだ。

「アナログは分離して、デジタルを取り込む」

なるほどねと思っていた。Huluやウルトラ・バイオレットみたいなネット配信が主流になるのか、と思っていた。

ただ、こうした分離戦略は、リストラクチャリング、コスト削減の利益確保戦略である。成長戦略はいつ出るのだろうと思っていた。

それが、このディズニーのINFINITYを見て、ようやく新たなコンテンツ戦略が出てきたと感じた。

アナログからデジタルに変わった流通革命。ディズニーはデジタル流通網で流す商品を分解し、キャラクターに注目した点が新しい。

ネットフリックスはオリジナル作品の制作に乗り出した。ディズニーはその一歩先を行っている。

作品からキャラクターへ、コンテンツビジネスの考え方を変えたのだ。

なぜ、変えたのだろう。

この本でずっと見てきたように、誰もが表現する時代。コンテンツのインフレ状態、価値が下がってる環境である。

しかしながら、だからこそ歴史があったり、人気があるキャラクターは、稀少価値が増す。

白雪姫、バットマン、シュレック……そんなキャラクターは、何十年もの歳月をかけなければ、世界的知名度を得られない。

人気キャラクターをたくさん保有し、それを時代に合った表現に登場させる。それが、ディズニーの今後の戦略であろう。

2000年代までのエンタメ業界のキー戦略は、その時代に合ったメディ

アに作品を流すウィンドウ戦略だった。それが、さらに進み、キャラクターを時代に合った表現に登場させる。コンテンツビジネスの最先端はそんなキャラクター・レバレッジ戦略に変わる。

第8節　ハードを制する戦略の終焉

1980年代から90年代は、ハード（機械）を売るために、ソフト（コンテンツ）を買う。そんな時代だった。

1989年ソニーは、コカ・コーラ社からコロンビア映画を買収した。いまのソニー・ピクチャーズだ。翌年、松下がMCAを買収した。

「America's Most Funniest Home Video」という視聴者が送ってきた面白いビデオを紹介する番組は、もともとソニーが家庭用ビデオを売るためにスポンサーになって始めたものだ。

ゲーム業界も、プレステ、Wiiといったハードメーカーが主で、彼らが売れるゲームを作るメーカーを集める構図だった。

プラットフォームを作るには、共通規格のハードが必要だった。大規模な工場で大量生産して機械をバラ撒く。そのために最適なカタチが、大規模な資本を集め運営する大企業だった。

ソニーのエレクトロニクス部門は、売上6兆円。映画もゲームも7,000

垂直統合からコンテンツの水平展開へ

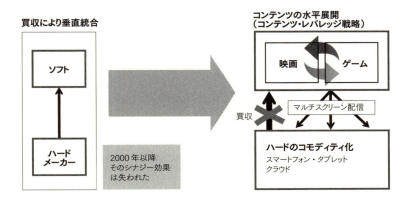

ハードの進化はハイスペックなマニア用。ソフトの進化は一般ユーザー向け

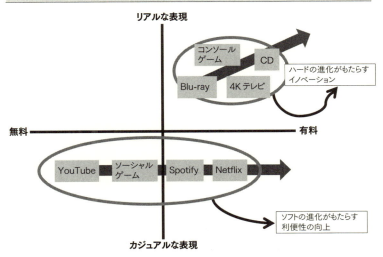

億円程度の売上。そのエレクトロニクス部門は3年連続赤字である。もし会社でなく自分の家庭の家計が6兆円の収入があって、赤字になっていたら、スグに日々の行動を考え直すだろう。
円安やデフレのせいにしても仕方がない。
いま、プラットフォームを作るのに、生産ラインを考え、工場で働く人のモチベーションを保ち、そして、販売店の主人と酒を酌み交わし、その奥さんに誕生日プレゼントを届けたりして販売網を作り上げる必要がなくなってしまった。
AmazonもFacebookもコンテンツを流通させているが工場を持ってない。機械を買ってコンテンツを楽しむのでなく、スマートフォンやタブレットを買えば、コンテンツが付いてくる。
プラットフォームがソフト化してしまった。競争の視点がズレたのである。
いままで、ビジネスを分析し、社会の行く末を考えるうえで、ハードメーカーの視点が重要視されていた。モノづくりや顧客囲い込みなど。ハリウッドのウィンドウ戦略も、放送や新聞といったハードを持つ企業の買収だった。それも解体しつつある。
つまり、大規模なメーカーが、ソフトを利用してハードを売るという関係性は終焉を迎えつつある。

第6章
ポスト・スマートテレビの衝撃

第1節　再定義されるテレビ市場

ハードの話を少し続けよう。
2012年1月。ラスベガスで中国レノボ社の幹部が講演している。
彼はこう言った。
「我々はパソコンメーカーからデジタル機器メーカーに変身する」
この言葉に、デバイス市場の潮目が変わったと感じた。
デジタル機器にパソコンとかテレビといった機器のジャンルはなくなる。スマートフォンから大画面テレビまで全てがデジタル機器という名の下に包括されるだろう。
つまり、違いは画面のサイズだけ。
この講演の前年に、中国メーカーの作るAndroid TVという名の一見怪しいテレビを見たことがあった。
レノボはまさにそのAndroid OS版スマートテレビを発売開始したのだ。部品はタブレットと同じ。タブレットとの違いは、画面のサイズだけ。
そして、レノボはこのスマートテレビをテレビ売場でなくパソコン売

スマートテレビ以降の家電イノベーションとメディアの対応

	家電	メディアの対応
2007	iPhone	SNS買収
2008	Connected TV（マイクロソフト）	Hulu開始
2009	TV Widget（インテル＆ヤフー）	地デジ移行完了、タイムワーナーのTV Everywhere戦略
2010	3D、iPad、Google TV	Hulu有料化、HBO GO
2011	SMART TV（サムスン、LG）	Ultra Violet
2012	Android TV、SMART HOME	AOL売却
2013	リモコン音声検索、中国メーカーのGoogle TV	ディズニー INFINITY（キャラクター・レバレッジ戦略）

場で売った。テレビ売場は、過去5年シェア60%のテレビメーカー5社で独占され、付け入るスキがない。
Google TVでさえ市場参入にソニーの力が必要だった。
それを、テレビという信頼性の高い商品名だけを借り、自社の得意分野のパソコン売場で売る。なんと上手いマーケティングだろう。
そして。
大画面タブレット的スマートテレビを売るのはレノボだけではない。
HiSence（海信）やTCLといった**中国メーカーのスマートテレビは、Andoridタブレットと何ら変わらない。なにしろ電源を入れるといきなりGoogle Playが表示される。**
韓国メーカーがスマートテレビを発表して1年。中国メーカーがスグ追いかけてきた。
それに、プラットフォーム企業も市場参入する。
2012年グーグルはモトローラのケータイ部門を買収し（その後、2014年にレノボに売却）、2013年マイクロソフトはノキアのケータイ部門買収の発表をした（2014年買収完了）。
2008年マイクロソフトが提唱したコネクテッドTVは、外付けの機械

が必要なテレビの周辺ビジネスだった。初期スマートテレビの具現化には、家電メーカーの力が必要だったのだ。

しかし、もはや家電メーカーの助けは不要である。自分たちでスクリーン付きの機械を作れるんだから。

企業からみればテレビとタブレットは違う。しかし、消費者から見たら同じだろう。価格、使い方で選ぶだけだ。

テレビ市場は再定義される。それは、消費者視線で再定義されるということだ。映像視聴機器市場、いや、映像だけでなくコンテンツをプレイするデバイス市場とでも名付けられるだろう。

2009年にヤフーの出した最初のスマートテレビTV Widgetに衝撃を受けてから、たった4年である。

ちなみに。

家電メーカーの出すスマートテレビはすでに小出しの改良を加える段階にある。

たとえば、韓国のLGはリモコンの音声検索の精度をあげる。「ラスベガス、銀行強盗、映画」とリモコンに話しかけると、映画「Ocean's 13」が表示される。要は、作品タイトルを思い出せなくても、検索できる。

ほかのトレンドは、IDの切り替え。リビングで見るスマートテレビ。番組リストをカスタマイズできるのが大きなメリットだったはずだが、家族間で好みが違う。そのために、父と息子が見る時は、違うID

で視聴する。

あまりワクワクしない。

また、日本のスマートテレビも、アメリカの動きと随分ズレてきた。日本版スマートテレビは、リアルタイムでテレビ番組を見て同時につぶやいたり、生番組に質問をしたり、**なぜかテレビの前にいることが前提になっている。決められた時間にテレビの前にいるのがイヤで始まったアメリカ版スマートテレビは**、日本に入ってきて、放送局主導のソーシャルテレビ、つまりテレビのカイゼン策になってしまった。

ただ、そのソーシャルテレビサービスは、日本が世界でいちばん進んでいる。日本人はイノベーションよりカイゼンが好きなのだ。

第2節　OSの無料化と機器で儲けないプラットフォーム

レノボやプラットフォーム企業が進出し、競合が増えているデジタル機器市場。無料のAndroid OSが市場参入を簡単にしている。スマートフォン市場は2009年から2013年の3年で市場シェアTOP10社の割合が15％も下がった。

それにスマートフォン向けにモジラの開発した無料のFirefox OSもある。

じゃあ機器メーカーはどこで儲けたらいいのか。いや、グーグルやア

クラウドから機器までフルラインを揃えるプラットフォーム

	アマゾン	グーグル	アップル	マイクロソフト
検索エンジン	レコメンドエンジン	Google検索	iPhone	Bing
ブラウザ	無し	Chrome	Safari	Internet Explore
広告	無し	ダブルクリック、admob	無し	MSN
クラウド	Amazon cloud drive	Google Drive	iCloud	Sky Drive
マーケット	Amazon, Kindle	Play	iTunes	無し
メディア	無し	Youtube	無し	MSN
機器	Kindle	Nexus, Motorola	Mac, iPhone, iPad, AppleTV	Surface, Xbox, NOKIA
OS	Kindle	Android	Mac, iOS	Windows, Windows Mobile

テレビの再定義 ——ポスト・スマートテレビのビジネスモデル

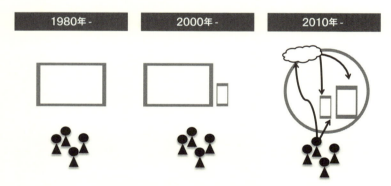

1980年-
メーカーはテレビ販売後のビジネスには無関係。

2000年-
テレビのスマート化。視聴者はテレビを通して、多様なコンテンツにアクセス。

2010年-
ユーザーはアマゾンのアカウントにログインし、電子書籍を読む。他のデバイスでも視聴可能。

マゾンたちは、機器を出すことでどんなメリットを得ているのか。
彼らIT企業が出すタブレットは、家電メーカーが踏み込めなかったサービスにある。
クラウドだ。
クラウド？って、ITではよく聞く言葉。
おそらく普通の読者の方に、もっとも身近なクラウドサービスは、Gmailやヤフーメールであろう。パソコンを開いてチェックするメールはパソコンでしか読めなかった。
けれど、Gmailはスマートフォンやパソコンから、メールをチェックできる。
なぜなら、メール受信箱がパソコンにあるのではなく、クラウド上にあるからだ。インターネット上にある受信箱のメールをパソコンが開封し読んでるイメージ。
そんなクラウドの受信箱にメールだけでなく、写真や本、音楽、それに映像も格納する。
インターネットにある自分の本棚である。
アマゾンが販売しているデジタル書籍リーダーのKindleやグーグルのNexusを買った人には、それぞれ無料で使えるインターネット本棚が用意されている。そこに、スマートフォンやタブレットでアクセスしてコンテンツを楽しむわけだ。

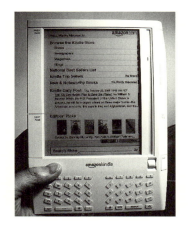

5年前Kindleは白い電子書籍リーダーそのものを指していた。
それがいまや、**Kindleが示す領域はクラウド＋コンテンツマーケット**なのである。
アマゾンはコンテンツが売れればいい。端末としてのKindleはむしろ無料で配ってもいいくらいである。

再定義されたテレビ市場、ポスト・スマートテレビの衝撃ポイントは、**機器で儲けなくてもいいビジネスモデルにある。**
デバイスが急速にコモディティ化し、コンテンツが力を持つ。このことは、スマートテレビを出した韓国メーカーも最初から気づいていたと思う。
2011年サムスンが最初にスマートテレビを発表したときは、ハリウッドの映画スタジオの幹部も同じ壇上にいた。その翌年は、彼らにとってスマートテレビはメインではなく白物家電やスマートホームに力を入れていた。コンテンツの必要なスクリーン市場を見限っていた。
ともかく、あらゆるデジタル機器がクラウドにつながり、映像やテキストを消費する。そんな時代なのである。

第3節　ルールをチェンジするアメリカの電波政策

スマートフォンはガラケーの35倍もデータを消費し、テレビの6倍のスピードで売れる。10年後こうしたデジタル機器で消費されるコンテンツの60％以上は映像である。
それも、コンテンツとしての映像ではなく、コミュニケーションとしての映像利用が爆発的に増える。
マーケティングの古典的な教え。ドリルの購入者は穴が欲しかった、と同じで、カメラを買う人は、映像それ自体でなく、それをネタに友達と盛り上がりたいのである。
つまり、コンテンツより友達とのコミュニケーションのほうが価値が高いのだ。
しかも、スマートフォンなどのデジタル機器は、コンテンツとコミュニケーションを同じ機器上ですることを可能にした。そして、誰しもコミュニケーションにかける時間のほうがコンテンツを楽しむ時間より多い。
こうしてスマートフォンで映像コミュニケーションが始まると、インターネットのデータ量が増える。

当然、ネットのつながりが悪くなる。

その解決策は？

電波は土地と一緒で、それほど増やすことはできない。だから、①既存の利用者と調整するか、②ちょっとした技術革新を待つしかない。

①の利用者調整で、いま一番進んでいるのはアメリカである。放送局の割当られた周波数帯を通信利用に変えようとしている。

アメリカにはテレビ局が1,800局あり、294MHz分が放送用に使われている（2014年12月31日現在）。そのうち2020年までに80局分をモバイル・ブロードバンド用に置き換える。

2009年から2013年の3月まで、FCC（Federal Communications Commission、連邦通信委員会）の委員長だったジュリウス・ゲナコウスキ（Julius Genachouski）氏が、放送から通信へという一連の改革を行った。業界からの反発は想像に難くない。こんな感じ。

2012年全米の放送業界関係者が集まるカンファレンス。朝7時から始まる朝食会。

放送業界の団体（NAB）の会長が彼を紹介する。
「オバマ大統領のハーバード時代の仲良し」
会場から少し皮肉な笑いが漏れる。放送業界にとって、彼は放送局が利用している電波を奪おうとする人である。
アウェイな雰囲気のなか、彼はこう切り出した。
「ニューヨークには28局もテレビ局がある。そんなにあるなんて、誰も知らない。そして、その数が妥当なのか誰もわからない」
マンハッタンはケータイがつながりにくいので有名だ。だったら、テレビ局の数を減らして、その分の電波をケータイ用にしたほうがいいのではないか？と問いかける。
じゃあ、どれくらい減らすのか？
「それはマーケットが判断すればよい」という。
どういうことだろうか。
電波を手放したいと考えるテレビ局と使いたいと考える通信会社で、オークションをするのだ。**取引成立したテレビ局や通信会社の数が、マーケットが判断したテレビ局の数ということになる。**
もうひとつ、放送以外にも、軍が利用しているが、本土でなく海外で使っている周波数がある（ホワイト・スペースという）。そうした帯域を、本土でも利用しようとしてる。このホワイト・スペースは、国民に自由に使ってもらおうというのが基本的な考え方である。
また、無線技術も発展している。
コグニティブ無線（Cognitive Radio）といって、4GとWiFiを自由に乗り換える技術もある。必要な人が空いている周波数を使えばいいじゃないか、という考えである。
FCCのウェブサイトにある「Spectrum Dashboard」には、誰がどの周波数を利用しているかが公開されていて、それを見ながら空いてる電波を利用する。
アメリカではこうした仕組みを利用したWiFiのモバイル・ブロードバンド網が、2012年1月にノースカロライナ州ウィルミントンで始まっている。

2013年1月ラスベガスで、ゲナコウスキ委員長はこんなことを言っていた。

「30年前にFCCがWiFi用に周波数を開放（Unleash）したとき、そのポテンシャルを理解した人はいなかった。今では、WiFi、Bluetoothを利用したいいろいろなビジネスが育っている」

サーフィンで足首とボードを結ぶ紐をリーシュ（leash）と呼ぶ。Unleashは、紐を解き放つ、開放という意味だ。

たしかに、アメリカの家電見本市には、BluetoothやWiFiを利用するタブレットやスマートフォンのアクセサリ類が大量に展示されている。ちなみに、全米11,500店舗で無料WiFiを提供しているマクドナルド。ラスベガスで入ったお店でもちゃんと使えた。帰国の途中、ロサンゼルス空港で飛行機を待っているとき、パソコンを開いたら、無料でWiFiが使えた。

規制しないで自由に使えたほうが、いろいろ便利になる。データ時代の周波数規制は、「共有」がキーワードである。

ちなみに、日本にもホワイト・スペースと呼ばれている帯域があり、

アメリカ周波数政策はモバイル・ブロードバンド用を増やす

	利用	施策
75MHz分	既に4GLTE用に割当が済んでいる。2015年までに実際にサービスが開始される。	
70MHz分	衛星通信用を地上のモバイル・ブロードバンドへ変換する。	2012年12月11日に、方針を発表した。衛星電話用に割当ていた2GHz帯（2000-2020MHz、2180-2200MHz）の40MHz分の帯域をモバイル・ブロードバンド（Mobile Satellite Service）向けに再割当された。
100MHz分	軍や政府、放送局が利用している帯域を共有。いわゆるホワイト・スペース。	軍や気象情報用に割当られている5GHz帯の100MHz分をWiFi向けに開放すると発表した。

いまは手を挙げた企業がコミュニティ放送などの実験を行っている。アメリカはホワイト・スペースを通信利用に開放するのに対し、日本は放送帯域のホワイト・スペースなためか放送利用に留まっている。

第4節　通信キャリアの狙うスクリーン戦略

通信と放送。
技術的には、LTE Broadcastという仕組みがあり、キャリアが保有している周波数帯で放送的なサービスは可能である。HEVCという圧縮技術やeMBMSという配信技術を組み合わせたサービスだが、当の通信キャリアがやる気にならなければ、実現はできない。
それに通信キャリア3社が、2013年春にスティック型スマートテレビを売り始めた。
このサービスのポイントは、有料コンテンツがテレビ業界のコントロール外の領域からテレビに溢れ出る点であろう。
各通信キャリアとも有料で映像コンテンツをスマートフォンに配信している。
それは、テレビ局が長年悩んでいる番組の有料ネット配信である。テレビで放送した番組をテレビに有料で配信するサービスはあまり消費者に受けない。テレビの有料番組配信はNHK オンデマンドが一番規

模が大きく、2013年度売上18億円である。

ところが、ケータイに配信するとなると、消費者はお金を払う。ここは市場特性というしかない。

その有料コンテンツがテレビに溢れる。それは、結局課金プラットフォームを通信業界に握られることを意味しないか。

この有料と無料の壁を、たった5センチ足らずの機械が打ち破ってしまう。それが、テレビ業界にとっての脅威であろう。

第5節　グーグルが仕掛けるブラウザ主導の映像エコシステム革命

電波政策が変わるより前に、スマートテレビよりも簡単な通信と放送を融合させる機器が出回っている。

2013年、まだ日差しの熱い晩夏の9月。研究所のオタク後輩クニ中村が嬉しそうにやってきた。

手にしてるのは、グーグルが7月に発売したChromecastという商品。その当時、日本ではまだ売ってなかった。

YouTubeがテレビで見れるスティックである。

利用方法は、長さ5センチほどの機具をテレビのHDMI接続口に差し

込み、自分のタブレットにアプリをダウンロードするだけ。

すると、タブレットで見てるYouTubeがテレビの大画面に映し出される。アメリカだと、ネットフリックスも見れる。ほかに、Google Playで買った映画やGoogle Musicも楽しめる。

面白いのが、同じWiFiに繋がっている違う端末でもテレビ画面の操作が可能な点。

テレビのリモコンは1台につき1個だった。しかし、Chromecastでは個人がそれぞれリモコンを持ってるようなものだ。

それでいて、リモコンが増えるわけでもなく、探すのに苦労するわけでもない。そして、自分が持ってるコンテンツをテレビに映し出せる。ただ、そのコンテンツ保管場所は、ローカルに保存してる動画や画像でなく、クラウド上のものだけである。

テレビに映せるものはクラウド上のものだけなのである。

たとえば、友達の結婚式で撮影した動画はそのままスマートフォンに保存される。そのファイルはChromecastを使ってもテレビには映せない。**映すにはYouTubeにアップする必要がある。**

ただ、同じWiFi網にいれば、複数のYouTubeを交代で映すことができる。パソコンでブラウザを立ち上げ、違う人のYouTubeにログインする感じだろうか。

グーグルにとって、スマートフォンに格納された映像を直接テレビにエアプレイして、楽しんでもらったところで、何の利益にもならない。パソコンのパワポの資料をテレビに投影することはできない。

アップルは機器で儲けるので、機器間でやりとりする。もちろん、ネットワークが不安定だった頃のDNAもあるだろう。

グーグルのビジネス領域はYouTubeにアップロードされた映像に広告を挿入するところ。

Chromecastは、YouTubeやGoogle Playの出し先を増やす道具である。

そういえば、Google TVはどうなったのか？

アメリカ市場に参入する中国の家電メーカーTCLやHiSenseは、Google TVを使って格安なスマートテレビを販売してる。LGも

Chromecastの仕組み①

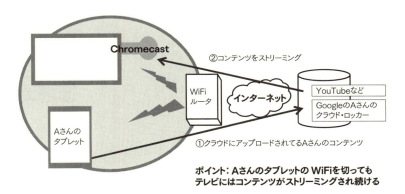

ポイント：Aさんのタブレットの WiFiを切っても テレビにはコンテンツがストリーミングされ続ける

Chromecastの仕組み② ― 違う端末でも ―

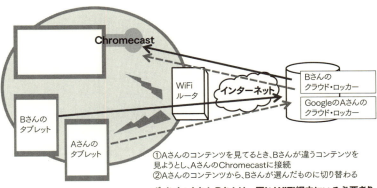

ポイント：Aさん Bさんは、同じ WiFi網内にいる必要あり

Google TVの製品ラインを増やした。

そんなに大成功とは言わないまでも、もう終わりってほどでもない。でも、グーグルが力を入れてる雰囲気もない。それがGoogle TVの現状だ。

結局Google TVはメーカーが作ってくれないと広まらない。そして、メーカーは価格が低下したにも関わらず1世帯に1台しか売れないテレビより家族全員に売れるタブレットのほうを売るだろう。

テレビ市場は、グーグルがコントロールできない要素が多過ぎるのだ。

その点Chromecastは、誰かが作ったテレビへ寄生できる製品である。よく通信キャリアがOTTプレイヤーを、インフラに投資せずに利用だけするフリーライダーと非難するが、Chromecastはスクリーン版のフリーライダーである（OTTはオーバー・ザ・トップの略）。35ドルの小さなスティックで、世界に18億台あるテレビスクリーンがYouTubeテレビになるのだ。

「YouTubeをテレビで見たい」

このユーザーニーズのために、多くのベンチャー企業、IT企業が投資をしてきた。

その結果、テレビでYouTubeを見るための機器代と利用料は、2007年に最初のApple TVが発売されてから5年でそれぞれ10分の1になった。

Apple TVやROKUは完成品を見やすく配信する伝送路と機器レイヤの代替競争に過ぎない。Google TVもその文脈上にある。つまりは、「流通革命」である。

しかし、Chromecastはブラウザをテレビスクリーンにcast（投影する）するためだけの道具であり、そのコンテンツ配信はプロとアマチュアが入り交じるYouTubeやGoogle Playが担う。

ニュースは自ら作るのと同じで、楽しみたい映像も自分で作るのが可能な世の中。

Chromecastは、映像の作り手はプロだけでなくなるという壮大な物語の一つのピースといえないか。

第6節　クラウドで進むメディアと表現の融合

いままで、世の中を「あっ！」と驚かせるサービスは、家電メーカーが担ってきた。

50年前は電化が最先端だった。カラーテレビ、冷蔵庫、洗濯機は30年

かけ、1980年代に普及率がほぼ100%になった。
10年前に始まったデジタル化もまだ家電メーカーが力を持っていた。
ところが、クラウド化は、製品の進化を示す言葉ではない。
コンテンツが機器に合わせて七変化するという話である。
それは、映像ビジネス全体のイノベーションが、これからコンテンツレイヤーで起こることを示唆している。
オリジナルのアイデアを思いつく人がリスペクトを集め、儲ける。これが理想だ。しかし、これまでの世の中はそうでもない。というか、違う。
結局、アイデアをコピーして大量に作り売った人が勝利する。それが、いままでのビジネスのゴールデン・ルールだった。
ソニーの売上は7.7兆円だが、映画部門は8,300億円。ディズニーは488億ドル。ソニーの売上の3/4だ。
つまり、この60年間はハードメーカーの時代だったのだ。
イノベーターが斬新なアイデアを思いついても、生産や販売のノウハウがないので、成功できなかった。プロフェッショナルとアマチュアの違いは、アイデアセンスの差ではなく、高価な機材を使えるかどうかだけだった。

BEFORE: EVERYTHING GOES MOBILE

NOW: EVERYTHING GOES CLOUD

それが、デジタル化でハードが安くなり、クラウド化で流通コストが軽減される。
ハードが融合し、その上で成立していた表現ジャンルが融合し始める。
いまや、アメリカのどの新聞社もインターネットの記事は映像付きである。それに、スマートテレビには映像のニュースを配信している。
デジタル・デバイスでは、新聞社のライバルは新聞社だけでなくテレビ局でもある。逆もしかり。
同じ素材のニュースを表現の違いによって配信し共存できた環境ではない。
それは、流通（メディア）によるコンテンツ支配が終わり、コンテンツがフラットに望まれる流通、機器に配信されることを意味する。

第7章
時間と空間のメディア論

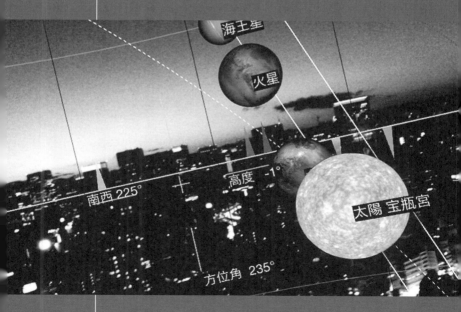

第1節　ソト・メディア

私も時たま寄稿していたTBSメディア総研の「あやとりブログ」（2014年からTBSを離れ、新生「あやぶろ」としてスタート）。
いつも議論していたのが、時間を基本としたメディア論である。
テレビの時間編成という技能、生中継、東日本大震災のような大きな事象とシンクロするテレビの時間。テレビの時間は国家が刻んだものなのか、我々一人一人の生活の時間なのか。
そんな議論が繰り広げられている。
しかし、その時間を基本にした議論は、このスマートフォン時代にどうもしっくりこない。
なぜなら、マスメディアが想定するタイムラインの生活と、我々の実際の生活がそぐわなくなっているからだ。
マスメディアのタイムラインからも離脱するし、メディアに接触するのも、電車のなか、街頭で人を待ってるとき、仕事場、カフェなど様々である。そして、その場所の出来事を無数のスマートフォンが記録す

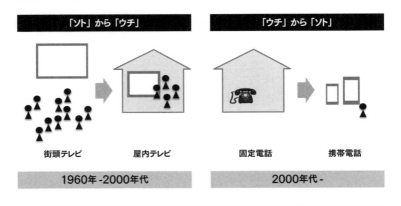

「ウチ」から「ソト」へ

る。
つまり、スマートフォンとともに、マスメディアもソトに出たのである。今後、スマートフォン時代のメディア論には、時間とともに、こうした空間概念も加える必要がある。

第2節　ソーシャルメディア以前に、リアルが多様化してる

空間のメディア論に入る前に、しばらく時間のメディア論について見ていこう。

テレビ人にとって伝説の書『お前はただの現在にすぎない──テレビになにが可能か』（萩元晴彦・村木良彦・今野勉著、朝日文庫、2008）に見られる「テレビジョンは時間である」の時間は、国家の決めた暦と表現論としての時間の二つの意味がある。

あやとりブログ（「メディアと時間についての断章と最近のいくつかのポストにつ

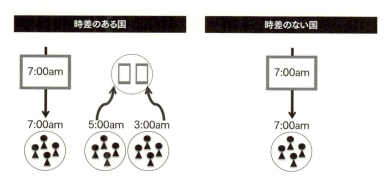

均質な時間しか届けたことのないテレビに非均質な時間を刻む役割は担えるのか

時差のある国 / 時差のない国

人種、時差が多様な国は、「均質な時間」のリアル生活が存在しない。
非同期コミュニケーションの必要があった。

国家の「暦」通りに番組編成してきたテレビ。ソーシャルメディアによる「均質な時間」の解体過程において、その存在価値が相対的に低下する。

いて一言」2012.7.9)で前川英樹氏がこう書いている。その一部を要約しよう。

「時間管理において共犯関係にあった国家とテレビ、そのテレビのオピニオンが、『一秒の狂いもなく整然と流れていること』であるのは、時間厳守な国民性を育むことが工業を発達させ国家利益に繋がるという目標を、テレビが側面から応援していたと捉えることができるだろう」

毎時0分から開始されるテレビ番組が並ぶ時間編成は、テレビが国家の暦の番人としての役割を果たそうとした結果であろうか。

東京の日本橋人形町界隈は、いまでも夕方5時（冬は4時半）にチャイムが大音量で流れる。

夕方5時に屋外でチャイムを鳴らし続ける感覚と、毎時0分から始まる番組編成。同じDNAを感じずにはいられない。
暦としての時間感覚は、生活する国によってだいぶ違う。
カリフォルニアの友人は、毎年ニューヨークの年末のカウントダウン生中継に違和感を持つという。カリフォルニアではまだカウントダウンには早いからだ。毎朝7時からのモーニングショーは録画放送である。
国内に時差がある国、ない国。
テレビの放送もその時差に寄り添って行われる。
実は、日本も北海道と沖縄は、米国のタイムゾーンを考えれば、時差があってもおかしくはない広さ（幅?）である。
米国人の12%は移民だし、中国には50以上の少数民族がいる。
ソーシャルメディアの多様性を議論する前に、そもそもリアル生活が多様化しているのだ。
ハリウッドで働いている人は、コミュニケーション手段はほぼeメールという。ニューヨークやロンドンの拠点と電話でやり取りするのには、時差がありすぎるのだ。西海岸の人が、金曜夕方早く帰ってしまうのは、もしかしたらそんな時差の関係もあるのかもしれない。（もう、ニューヨークやロンドンのパートナーは週末に突入している）
国内に時差があれば、暦の強制力は弱まる。Twitterやソーシャルメディアがアメリカで生まれた遠因はこんなところにあるのではないか。
移民の存在をそれほど感じず、時差もない日本。
そんな国では、放送システムに1秒の狂いもなく番組が流れていることが要求されるだろう。
しかし、それでもソーシャルメディアは日本に入ってくる。そして、個人は、国家の暦とは別の暦を獲得する。
テレビジョンには時間軸が一つしかなかったが、均質な時間の解体過程にある現在、メディアが担う暦はより複雑さを増している。

第3節　リアルタイムを巡るテレビとソーシャルメディアの争い

ソーシャルメディアとテレビの問題。
その問題を時間というキーワードで解くならば、テレビはソーシャルメディアの成立で自身のリアルタイム性を相対化されてしまったといえる。
もともと、個人は自らのリアルタイムで生活している。しかし、ソーシャルメディア以前は、自らのリアルタイムを共有する手段がなかった。
時報とは別に自らのリアルタイムを発信できるメディアができたおかげで、個人はリアルタイムを持つ集団になった。
とくに、東日本大震災後のメディア空間において、個人は、テレビではなくソーシャルメディアのリアルタイム性に信頼を置いたのだ（当時は）。
小集団のリアルタイムが、メディアのリアルタイムを含め多層化している。
では、自身のリアルタイム性が相対化されたテレビは、どう生きればいいのだろうか。
いまいちばん盛り上がっているのは、ソーシャルメディアのタイムラインを取り込んでしまう方向性だ。

要はTwitterを活用する手法。
Twitter連携やソーシャルテレビは、テレビを個々の番組の総和でなく、巨大な流れの総体として捉える延長線上で、多層化されたメディア空間全体を巨大な流れの総体と捉えてのことだろう。
ただ、テレビがリアルタイム性に固執しても、その存在感は多層で巨大な流れのなかで埋没するだけではないか。
つまり、相対化されてしまった以上、リアルタイム性以上のもの、暦の番人以上のものを見つけなければ、テレビは社会でその存在が薄れていく。リアルタイム性を生中継やハプニングに求めるばかりでは、メッセージ性は宿らない。
ここで、テレビをメディアとメッセージなのか、それともコンテンツとインフラで捉えるかと問題が整理される。
メディアはメッセージだとしても、そのメッセージ性を失わないためには、コンテンツ＝表現を改めて再構築する必要がある。

第4節　映像とそれ以外の表現にある送り手の「時間」強制力

次に表現論としての時間を考えてみよう。
表現論に転化された時間はたいていライブ性やハプニングをもって語られる。
だが、むしろ表現において時間とは論理＝ロジックである。
1秒前の現象に、起承転結を重ね続けて、表現は成り立つ。

映像と、それ以外の表現の時間的強制力

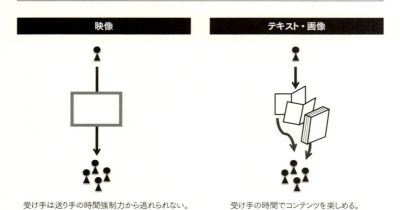

映像	テキスト・画像
受け手は送り手の時間強制力から逃れられない。	受け手の時間でコンテンツを楽しめる。

マンガはコマ割でできている。書籍も段落でできている。物語が主語と述語で成り立つように、写真が映像になるには、最小でも2つのカットが必要だ。受け手がそれらを一つ一つなぞることで、作者の考えた論理を頭で再現する。

ただ、物語に流れる「時間＝展開＝論理」は、作家のものだが、その通りに読めるかどうかは、読み手次第である。理解度でなく、単純に物理的に頁を間違ってめくってしまい、筋がわからなくなることだってある。

テレビはどうだろう。

視聴者は、テレビのなかに流れている時間を拒否することはできない。番組は、送り手が決めた時間に始まり、終わる。本のように、ページめくりを間違える自由すらない。

つまり、受け手は、送り手の考え通りの時間を共有しなければならない。

そして、その時間は誰にとっても均質である。本は人によって読み終

わる時間が違うが、テレビの番組は誰が見ても60分だ。
作家の意図するカットとカットの関係性＝時間から、受け手は逃れられない。そのこともまた映像表現が時間であることをサポートするだろう。
表現が送り手と受け手の双方のやり取りで成立するなら、映像とそれ以外の表現には、送り手による時間の強制力の違いがあることがわかる。
つまり、映像は送り手の「論理＝ロジック」強制力が、他の表現に比べて強いのである。
書籍は読み進めるために、物理的なページめくりが必要だ。作家が提示したい物語の時間を進めるには、受け手の協力が必要なのだ。
だからこそ、電子書籍になっても紙の本を読むかのように、ページめくり機能は残っている。手塚治虫書店という手塚原作の漫画をバラバラに好きなところだけ使って自分ストーリーを作れるサービスがある。それでも、マンガのコマは不変だ。
小説、漫画、評論なんでもよい。書籍の時間は読み手と作り手の間に物理的な共同作業が必要なのだ。

第5節　手書きのギャグを「間」で表現する

映画のなかには、小説やマンガを原作にするものが多くある。紙に印刷される表現を映像化する作業を時間論的に分析するとどうなるのだろうか。
私の大好きなマンガ「モテキ」（久保ミツロウ）と「主に泣いてます」（東村アキコ）で考えてみよう。
「主に泣いてます」は週刊モーニングに連載されていたが、2012年12月で終わってしまった。テレビ版は、フジテレビで2012年7月に放送されている。
マンガ版には、物語の展開とは無関係なギャグが、ときには手書きで、たくさん書き込まれている。

それをスッ飛ばす読者もいるだろうし、むしろ念入りに読む人もいるだろう。どの程度そのギャグを読むかで、読み終わる時間が違う。

マンガの中で流れる時間は一つしかないが、読者がリアルにそのマンガに関わる共有時間は違う。スジとは関係のないギャグ表現をどの程度、その読者が作者と共有するかによって違ってくる。

つまり、**マンガにおける表現の時間は、読者の数だけ存在する。**

「主に泣いてます」がテレビ化されると知ったとき、まず思い浮かんだのは、このギャグ群をテレビではどう表現するのか？という点。

2012年7月の放送第1回。

ギャグはほとんど整理され、取捨選択され、ギャグの間を意識して、映像編集されていた。つまり、**手書きギャグ部分は間として表現されていた。**

受け手が読むかどうか選択を任せられているところを、時間＝間として表現した、この映像作品は、マンガと映像表現の時間の違いをよく表しているといえるだろう。

では、映画版「モテキ」はどうだろう。

「モテキ」の映像では、道路やビルの壁に文字がやたら挿入される。そして、その文字は必ず主人公が読み上げる演出となっている。

マンガ表現では、そうした背景に挿入されるギャグ＝文字を、読むか読まないかは、読者に委ねられる。

しかし、時間の共有を強制する映像では、その文字は読まれなければならない。

なぜならば、作家側の意思として映像にある文字を読む時間は、映像の物語＝論理に他ならないからだ。

その点で、「モテキ」の大根仁監督は、マンガと映像表現の時間性の違いをとても意識している稀有な存在である。

第6節　他者の存在を意識させる　時間を内包するコンテンツ

映像が画像の時間的論理による表現だとして、その映像作品のなかに

「時間」そのものを追いかける物語があったらどうなるだろう。
TBSの「走馬灯株式会社」。
死ぬ前に走馬灯のように自分の人生が目の前に出現する。それを、自分の視点で撮影された映像で見るのが、この作品の趣向だ。
この作品は3層の時間で成り立っている。
①物語自体の時間、②登場人物の過去の時間、③そしてテレビを見ている我々のリアルな時間である。
登場人物の人生が作品のなかに映像として挟み込まれると、なんだか自分がテレビドラマの一員になったように錯覚する。
この3層の時間が絡み合う不思議な作品である。
さらにもうひとつ。
「魔法少女まどか☆マギカ」というアニメ作品。
ここには、アニメ的描写の日常生活と切り絵描写の魔女の結界の2つの世界が描かれる。
この2つの世界を行き来するのに、作中には少女、魔法少女、魔女という3つのレイヤーが用意されている。
魔法少女はもう人間ではないのだが、魔女でもない。
そして、少女が魔法少女になるときに、命（人間としての）と交換に1つ

だけなんでも望みを叶えてくれる。

命と交換に望みを叶える究極の2択の問いと、3つのレイヤーを行き来する登場人物。

何かの代償として命が奪われるのは、「走馬灯株式会社」でも同じである。自分の人生を走馬灯のように見終わると、その人は死ぬ。

その人が死ねば、その人の時間は終わるが、それでも他の人の時間はまだ続く。この世の中の時間も相変わらず流れている。

ただ、「魔法少女まどか☆マギカ」のなかで、少女が魔法少女になるのは、他人の願望を叶えるためだ。のび太がドラえもんに無茶な願いを叶えてもらうのと違う。

つまり、代償としてなにかを叶える希望はあるが我欲はない。

なぜ少女が、我欲のために魔法少女にならなかったのか。

もし、作者が、成長・拡大が発展・発達と呼べるのかといった問題提起や、幸せとはなに？的な議論を組み込もうとして、わざと少女から我

メディアが担ってきた「時間」の提示は、コンテンツが行う

マスメディア
多様な視点を編成し視聴者に届けるテレビ。
しかし、我々の生活はテレビのソト側にある。

ソーシャルメディア
自分に最適化された情報を受取るソーシャルメディア。

コンテンツ
メディアの「時間」力が低下する時代。
コンテンツには、多様な時間性を内包した作品が増える。

欲を捨て去らせているとしたら、とても意欲的な作品である。

当初、作品を見ながら、希望と絶望、生産と消費など、コインの裏表的な考え方を提示したかったのか？と思っていた。

しかし、見終わっていろいろ考えると、そうではなくて、**希望と絶望、どっちでもないという3階層で成立するリアルな現実を描きたかったのではないかと思い当たった。**

世の中は、割り切れるものではない。もし、割り切れると仮定してしまったら、割り切れなかった残りは矛盾としてネガティブに処理するしかない。

割り切れない部分を矛盾と捉えるのか、それとも＋αとプラスに見るか。

この作品に結論はない。

複雑に入り組んだ時間が提示される「走馬灯株式会社」や「魔法少女まどか☆マギカ」は、テレビを離れ、ソーシャルメディアだけで過ごすことの多い我々へ、いち早く警鐘を鳴らしている優れた作品である。

ソーシャルメディアでは、他人のタイムラインを覗くことはない。自分に最適化された情報だけを見るから、自分と考えの違う他者を意識しなくなる。リアルな世間の広さを知れば知るほど謙虚になるのと同じように、なにかで他者の視点や時間を知らなければ、社会に参加できない。

しかし、我々の多くはテレビが全力で提示してくれる時間のソト側で生活している。新たな本を見つける書店にも滅多に行かない。

多様な時間性を提示してきたメディア機能が低下してるのだ。それは、セレンディピティ、偶然、不確実性のひきこみ力を明らかにしたドーパミン研究とも通底している。

スマートフォンやソーシャルメディアの時代、全体の時間はメディアだけでは支えきれない。そこで、コンテンツ自体にそうした全体の時間を提示する機能を内包する必要が出てくる。

「走馬灯株式会社」や「魔法少女まどか☆マギカ」は、そんな動きを先取りしている。

第7節　テレビ三角論　「状況」「情報」を編集する自律的能力

機能や作品に内包される時間、とくにリアルタイムがテレビだけの独占物でなくなった。

そんなリアルタイムをキーワードにどんな空間が描けるのか、考えてみよう。

『月刊民放』2012年5月号「"地デジ"とは、ソーシャルネットワークの時代に『テレビに何が可能か』と問うことである」で、前川英樹氏がこのように書いている。

「3.11後の情報空間は『状況』『情報』『個人行為』の同時進行であり、テレビはこうした関係性から逃れることはできない」そして、「"情報空間の時間性"が世界規模で多層的に機能して」おり、「テレビもそこに組み込まれている」と。（筆者注／3.11とは2011年3月11日に起きた東

テレビ三角論

メディアが関わる事象「状況」「情報」「個人行為」を頂点とする三角形を描く。
辺の長さは各メディアの情報量とする。バランスの取れたメディア状態は正三角形で表せる。

バランスの良い状態

状況 ― テレビ ― 情報 ― ソーシャルメディア ― 個人行為 ― 電話・メール ― 状況

テレビ、ソーシャルメディア、電話・メールがバランス良く共存するのが、健全な姿。

バランスの悪い状態

状況 ― 電話・メール ― 個人行為 ― ソーシャルメディア ― 情報 ― テレビ ― 状況

ソーシャルメディアが膨張すると、正三角形が崩れる＝バランスの悪い社会。

日本大震災を指す）

私は「状況」「情報」「個人行為」をリアルタイムを表す言葉と考えた。そして、その3つを頂点とした三角形を描くと、リアルタイム＝時間を空間化できるのではないか。

三角形の各辺にメディアを置き、辺の長さは情報量を表すことにする。たとえば、ソーシャルメディアのパワーが増すと、その辺が長くなりいびつな三角形になる。仮に、各メディアの均衡が取れた形、すなわち正三角形が、幸せな社会であると想定してみたい。

3.11後は、状況と個人行為の領域の情報量が増えた。デマにダマされたくないために、情報ソースを求める声でタイムラインが埋まってしまった。

正しさを政府発表にもとめる声で埋まるツイッター空間のように、国家をお上として奉る意識の人ばかり。高速道路でのちょっとした減速が渋滞になるように、あるいは少しの気圧の差で渦巻きが形成されるように、リーダーがいなくても集団の意志、方向性は決まっていく。

国家が放った鎖が解けても、自縛的な鎖が現れるのではないか。あのとき、テレビが状況と情報を自律的に編集、発信すれば三角形は機能したであろう。

しかし、テレビは、自分の情報発信について自信を失っているかのようにみえた。

どの局も同じ時間に同じニュースを放送する。それは、ソーシャルメディアのタイムラインが同じ話題でいっぱいになるのと似ている。いや、むしろテレビがソーシャルメディアの一翼として取り込まれているかのようだ。

テレビが状況をそのまま情報として流せば、権力のプロパガンダになってしまう。いっぽう、あまりにも独善的な内容であれば、埋没してしまうだろう。

第8節　「展示」と「提示」　テレビが三角空間を形成するためには

さて、その三角空間でテレビの役割はなにか？を考えているとき、松宮秀治氏の著書『芸術崇拝の思想――政教分離とヨーロッパの新しい神』(白水社、2008) を思い出した。

この本に、「展示」とは何か？　という問いかけが出てくる。本の中身を乱暴にまとめると、

「『展示』とは権力だけに許される行為である。江戸時代以前の高札やミュージアムや万博などを考えればわかる通り、誰もが『展示』をできるわけではない。そして、『展示』の目的は、緩やかな繋がりを持つ『公衆』を育てることである」となる。

一見、高札と権力に寄り添うテレビは似ているようにみえる。

では、テレビも「展示」をしているのだろうか。

テレビと高札のポジションは少し違う。それは、テレビには権力と同時にテレビの中の人の視点も入っているからである。その権力との距

展示と提示

過去の芸術、現在の情報などを展示する。

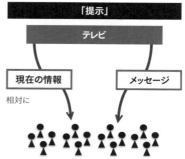

リアルタイム性が相対化されたテレビは、現在の情報を国家の代理として展示するのではなく、自らのメッセージを発信する必要がある。

離感や編集能力が、民主主義社会のマスメディアであるテレビの特徴である。

しかし、その特徴はソーシャルメディアによって相対化されてしまった。そんな迷いのなかで登場するのが過剰な「個人行為」の取り込みである。

もし、テレビが個人行為と情報の領域にすり寄れば、三角形は消滅し個人行為を基点に情報と状況に伸びる2つの直線になってしまう。

その結果、我々は情報空間を失い窒息する。

ソーシャル疲れな状態だ。

個人行為と状況領域は、よりリアルタイム性を持ちたがる。電話はリアルタイムであるし、つぶやきやチェックインもリアル性重視だ。

しかし、リアル・コミュニケーションは疲れる。息抜きが必要なのである。その息抜きには、リアルタイムでは得られないモノが求められる。だからこそ、**権力が展示するものは、歴史であり長い時間手間ひまかけた工芸品**である。万博やミュージアムは、テレビがない時代の官製エンターテイメントだ。

だから、展示が権力の領域にあるものならば、テレビが果たす役割は提示とでも呼べるだろうか。

テレビを含めた三角空間が形成されるには、自らの視点を提示し続けるほか手段がない。

そして、それこそが空間を埋めるコンテンツである。展示に寄りかかるキュレーションやシェア、そして状況への脊髄反射はソーシャルに任せ、テレビは自らの価値を自分たちで作り出すしかない。

テレビのリアルタイム性が相対化されたのならば、テレビ総体の表現は、リアルタイムから離れた作品になるはずだ。その作品は、作品と受け手の対峙が生むタイムラインのなかにあり、他のメディアへの個人行為を喚起する。

テレビは展示のミュージアムになるべきではなく、作品を提示する役割を担うべきである。

第9節　国境をまたぐメディア

オリンピック（＝スポーツ）は、国境をまたぐ。
そして、人々はコスモポリタンとナショナリストな部分、その二面性をより手軽に意識する。それがオリンピックが社会に果たす役割であろう。
五輪出場のために違う国籍を取ったり、米国育ちなのに米国以外の母国の代表として出場したり、選手は既にコスモポリタン化している。高校の野球留学と同じだ。
見る側はどうだろう。
オリンピック中継がテレビ放送だけだった時代と違い、ソーシャルメディアに選手が直接発信する時代である。そんな情報に触れる機会が増えると、見る側にも自然とコスモポリタンな感覚が増えていく。もともと、誰しもコスモポリタンとナショナリストは、我々のなかで両立してるのではないか。
だいたい国家という想像の共同体は、国旗、国歌、法律、徴兵など、いろいろなツールを使わないとリアルなものとして意識できない。そ

して、子どもの頃から教育されなければ、これらの人工的な記号に敬虔な気持ちはわかないはずだ。

国家は嫌いだが、風土は好き。よくある話だが、日本にいると、国家と風土を別に捉える思考にはあまりならない。そんな傾向にテレビも大きな役割を果たしてきたのだろう。

しかし、ソーシャルメディアの成立は、我々にも、国家と風土を分けて考えるきっかけを与え

てくれる。昔、少し住んだことがあるテキサス州は、星条旗よりテキサス州旗のほうが上に掲げられていた。だからといって、すぐにテキサスが独立するわけでもなく、役割分担をしながら連邦に留まり共存する。大人な関係だ。

スペインのバルセロナの公共の案内版は、言語が1つだとカタルーニャ語、2つ文字列が並んで初めて、スペイン語が並記されるという。

こうした二面的な仕組みを持って生きている人たちと、日本人とどっちが幸せなのか。

国家はお上でなく、個人と国家は契約関係にあり、利害が一致しているときだけ寄り添えばいいのではないか。

もちろん、国籍を変えることができる人、移住なんてとても無理、色んな立場があるだろう。しかし、少なくとも日本という風土と地元のコミュニティ（または家族）と国家は別なものだと敢えて考える思考実験を常にしておく必要がある。

その思考を提示し続けることこそが、メディアの役割であろう。

そして、そのためには、メディアの表現や編集に一人称の視線を組み込むことが必要であろう。

いまやビッグデータを自動編集するアプリはたくさんある。そこに、メッセージを組み込むこと。職業としてのメディアが成立し続けるには、一人称の視線と自動編集の関係性も重要な視点である。

第10節　「時間」と「空間」　スマートフォン時代に必要な概念

スマートフォンのスクリーンをメディア化するには、時間に加えて、空間の把握（管理）が重要となろう。時間＋空間で成立するメディアは、配信される情報がよりリアルな生活に近づく。
時間は、暦でなく生活リズムに近づき、空間はリアルに居る場所だ。YouTubeをスマートフォンにただ配信しても、スマホ時代の新たなメディアにはならない……。
多様なデバイスに対応するだけでなく、ユーザーの時間と空間に合わせた情報・作品配信をすることが必要だ。
2010年代に成立するスマホ時代の映像（だけでない?）メディアは、時間＋空間を管理し、ユーザーに支持される企業が運営することになろう。
そのときのメディアは、暦を刻む放送、時間と空間を管理するスマホメディア、ユーザーのオンデマンド性を許容するプラットフォーム（または、ソーシャルメディア）の3つが並立するのではないか。

第8章
マルチエンディングから
ソーシャル・クリエイティブへ

第1節　デジタル時代の弘法大師

研究所の後輩クニ中村が興奮しながらまたやってきた。
彼が紹介してくれたのは、フジテレビとYouTubeのコラボ「セブンティーンキラー」というドラマ（2013年8月放映）。
なにが新しいかというと、エンディングが18個も用意されている。
YouTubeでこのドラマを見てるときに、画面上に表示される箇所をクリックすると、そこからそれぞれ違うエンディングの動画が見られる。
制作者が用意したものであるが、物語の順番は受け手が選択できる。
登場人物の好き嫌いで、どちらが犯人かの結末も選べたりする。
こういった結末を複数用意する仕掛けをマルチエンディングと呼ぶ。
クニ曰く「ゲームはすでにマルチエンディング化されてますよね」
この前、マックで奴と話したのは、ゲーミフィケーションの手法を取り入れ、シナリオをゲームや映像にマルチ展開する話だった。クリエイターは脚本を書くのではなく、場を作る構想力が大事なんだ的なことをブッていた。
マルチエンディングをもっとオープンにすれば、作者の公式エンディングの外に勝手エンディングの輪が丸く広がるかもしれない。（ソーシャ

マルチエンディングは完成品を消費させるデジタル時代の手法である

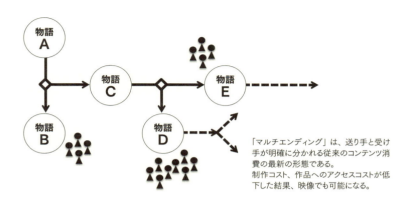

「マルチエンディング」は、送り手と受け手が明確に分かれる従来のコンテンツ消費の最新の形態である。
制作コスト、作品へのアクセスコストが低下した結果、映像でも可能になる。

ル・クリエイティブと呼ぼう)

このマルチエンディングという手法、作家と受け手の関係性がフラットになってしまってることに気づく。

たとえば、宮崎駿監督の映画「風立ちぬ」で受け手は作品を見て感想を書くことしか許されない。それは、表現の支持体(メディア)の限界もあるが、作家へのリスペクトが自然にそうさせるのだろう。

受け手ではとてもマネできない技、感性を見せられて感じる"スゴっ"ていう気持ち。

クリエイターやアスリートたちのスゴ技を見たときの畏敬感が、作品に踏み入ることを自然に留まらせるのだろう。

この畏敬感、アナログな人間技でなければ、抱かないようである。道具がスゴいじゃダメなのだ。

「弘法筆を選ばず」じゃないとリスペクトの対象にならない。

このスゴっ、自分じゃムリってくらいの技はとても人気ある。

アートの世界で最近とても細かく描き込んだ絵が人気あるのもそこに

ある。ここまで時間かけて、描けないよ〜っていうスゴっだ。
自分も実際、見入ってしまうけれど、反面、時間があれば誰でもできるんじゃないの？って思ってしまう。それより、一筆描いたのになんか細かく描いたように見える技のほうがスゴいんでは……とか。
しかし、一般的には一筆でグイッと書いたものは、「ただ、筆をパーっと動かしただけでしょ」的に見られがちだ。あんな太い筆あれば、誰でもできるぜ的な。
弘法大師が筆を選んで書いてるよ、みたいな。
実際、自分の水墨画のYouTubeチャンネルに「I like your brush」とコメントを貰うことがある。そのココロは、「君が絵を上手く描けるのは技じゃなくて道具がいいからだ」ってところ。(自分も同じ筆を持ってたら、同じに描けるぜっていう意味)
このスゴっていう評価基準はとても表面的だ。一般的な反応である。
それはともかく、テレビも同じことを言われそうな部分があるんじゃないか。同じ機材使えたら、同じ映像撮れるしみたいに思われてたら……。ホントは違うのに、そう見られちゃってたら、それ自体マズい。
なにしろスマートフォンで撮影も編集もできる。誰もが映像を撮る時

代だ。
ドラえもん最終回はいろいろな勝手バージョンがある。絵を描く技のハードルはだいぶ前に下がっている。歌は初音ミクで人間不要になった。
次は映像分野の番である。
誰もが表現（もしくは記録）できる道具が手元にある。それが、表現者と受け手の関係をフラットにしてしまっている。

第2節　複製と複層の入り交じる空間で

制約がいい表現を生む。メタモフォースな制作にプロの源泉がある。そんなことがよく言われる。
水墨画をやってると、その気持ちがよくわかる。
でもマルチエンディングやソーシャル・クリエイティブを知れば、なんで白黒なの？　空白を残すの？　なぜ捨てる必要あるの？と敢えて問い直すのが、プロの誠実さってもんだろう。
捨てる必要があったのは、時間や材料、お金に制約があったからで、その制約がなくなれば、捨てないテンコモリ制作ってのもアリでは？と考えてしまうのである。
いや、自分はミニマリズムが好きなのだけど、なんで捨てることがこんなに良しとされ、余分なものを捨て研ぎ澄まされた感性的なもてはやされ方をするんだろうか？と。
水墨画を何枚も描いてると、余分な線を捨て、絵柄がどんどんシンプルになる。描き直しができないっていう制約のおかげかもしれない。
でも、こういうときもある。何枚か描くうちに、「うん。これでいい」というのが見えてくる。まさに、紙から浮き上がってくる瞬間。
そこで、じゃあもう一回描いてみようってことで、そこから何枚か描くのだが、そうすると、甲乙つけ難いものができあがる。
どちらがいいか、最終的に結論づけるのだが、選ばれなかったほうがいいって言う人もいるだろうな〜、なんてことも思うのである。これ

は、制作段階のエディティングではないけれど……。

それで、なぜ1作品を選ぶのかっていうと、展示のスペースがもったいないとか、作品の希少性とか、なんか作品の本来の良し悪しとは関係ない理由だったりする。

マルチエンディングは、書いて捨てない手法である。少しでも多くの物語を用意しなければならない。

結末を何通りも作る、そんな表現方式がいま普及してないのは、材料や財力のせいなのか、それとも、人間が本来求める作品のカタチとはそういうものなのか？　どっちもアリなのか。

第3章で見たベンヤミンは、写真＝複製芸術に1点もののアウラはあるのか？と問題提起した。

このときは、複製がポイントだった。マルチエンディングは複層である。

もし、作品は一つだけという理由が物理的な制約だとしたら、クラウド、ソーシャルでその制限が外される一連のデジタル化は、新たな表現形式が生まれる要因になるのではないか。

つまり、**90年代以降のデジタル化が表現に与えた大きな影響は何かと問われれば、それは表現の複層化と言えないか。**

100年後の人間は、エンディングが多層に重なる物語を当然のものと

複製・増幅される物語

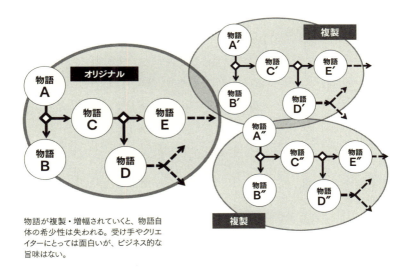

物語が複製・増幅されていくと、物語自体の希少性は失われる。受け手やクリエイターにとっては面白いが、ビジネス的な旨味はない。

して楽しんでるかもしれない。

しかし、よく考えたら、神話やら昔話は、地方によって少しずつ違うし、話す人によっても違うだろう。別な話をくっつけちゃうこともある。それが長い年月かけてコナれたものになってるんだろう。

マルチエンディング、ソーシャル・クリエイティブって別段特別なものじゃないのかもしれない。

なんか「物語」を書いてビジネスにするなんてことは昔はなかったわけだし。誰もが語り、誰もが聞いていたのだ。作家と受け手はそもそもフラットな関係だったんじゃないか。

それを考えると、ますます結論が一つしかない作品ってのは、商業的、効率的な理由で存在していると理解できる。

第3節　熟成された記録の表現

いつも、午後茶するマックのある人形町通り。昭和43年まで水天宮から新宿まで都電が走っていたらしい。いまは、秋26という都バスが秋葉原までタマに走ってる。

「この通りに都電?!」気になってググると、写真や思い出話がたくさんでてきた。

こうした画像はメディアでなく一般の人がインターネットに貼り付けたものだ。それほど見やすいデキではない。

それでも、食い入って見てしまう。のめりこんじゃう。

YouTubeにアップされてる昭和の風景もつい食い入るように見てしまう。

こうしたメディアの外側で切り取られた映像は、昭和40年代は公害、デモ、ヒッピーだけじゃないってことを改めて教えてくれる。

そして、**捨てない記録も時間が経つと価値が出る**と思った。

捨てないで置いといたものがネットで公開される。それを誰かがNAVERまとめでまた見せる。NAVERまとめも、どっちかっていうと

あまり捨てずに羅列するほうだろう。
つまりはこういうことかもしれない。
記録は時間をかけて、表現に転化する。それを時間の制約があるなかで、効率的に表現にするには捨てる力が必要だった。
しかし、テクノロジーが、その時間の制約をとっぱらったら、捨てる力は重要視されなくなる。
そして、ソーシャルで関わる人数が増えれば、その分、記録が表現に転化するのにそれほど時間は必要ない。だから、とりあえず複層化した物語を提示し、それをソーシャルがクイック熟成、ひとつの物語に昇華してくれるんじゃないか。スマホ写真家のイメージも作品に昇華される。
デジタル化で、物語は企業のものから一般の人（受け手）のものに戻されたのだ。
マルチエンディングは、その流れで顕在化したひとつの象徴である。

第4節　コンテンツの絶対的価値と相対化

どんな表現もその黎明期は、少数のテクニシャンが作品の制作や発表する機会を独占する。
その後、長い時間かけて、表現者が増える。文字を読んだり、書いたりすることを特別な技能だと思う日本人はそういないだろう。
物語を読んだり書いたりするのは誰もができるが、映像はどうだろう。
100年前のアメリカ東海岸、映写機はエジソンに独占されていた。エジソンから逃れ西海岸に移った人たち。彼らこそハリウッドスタジオの祖先だ。ちなみに、200年前写真を撮影するには特許料が必要だった。
いまや、カメラも編集機能もスマートフォンに内蔵されている。
国内で販売されるケータイ電話のうち50％以上がスマートフォンである（2014年12月時点）。
映像表現は生まれて100年程度で、鑑賞するだけのものから、みんな

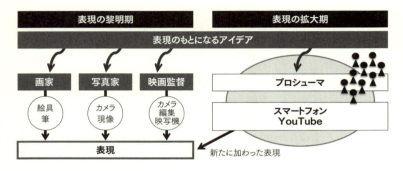

プロとアマの境界はテクノロジーにある

新たな表現形式が生まれたとき、テクノロジーを独占する一部が、表現を独占。プロとなる。

デジタルによって、映像テクノロジーがコモディティ化し、表現のアイデアをプロが独占できなくなった。

で遊ぶものに変わっているのだ。物語や音楽は、長い時間かけて、完成品を鑑賞したり、ときには自分で演奏する楽しさを享受してきた。まだ歴史の浅い映像は、そんな表現の民主化を急ぎ足で辿っているんだろう。

では、古い表現技術は消え去るのか。

写真の普及で、肖像画の需要は減ったであろうが、絵画が廃れたわけではない。

絵でしか描けない方法、たとえば横顔と正面の顔を組み合わせた絵をキュビズムの画家たちが描き始めた。

結局、絵は生き残り、写真もアートの領域として成立した。

社会全体でみれば、絵の外側で写真というイノベーションが拡大した。ネットフリックスが拡大しても、ケーブルテレビを解約するコードカッターは増えなかった。表現やデジタルのイノベーションは、古きを代替しないのである。

つまり、テレビはテレビ、絵画は絵画のまま進化していく。

第5節　コンセプトだけが独立する現代アートの世界

富士山を描くときに、富士山の存在を伝えるための絵は、写真や映像に置き換わる。便利だし、正確だ。誰が見ても同じイメージを抱ける。テクノロジーは、コミュニケーションを便利にする。安価で誰もが伝えることができるようにする。

そのとき、旧来のテクノロジーで成り立っていた絵は、どこに向かうのだろうか。ある者は、内面に向かう。富士山は自分にはこう見えると言って、独特の形や色を使う。誰もが抱くイメージとは違う富士山が現れる。

アートにおける絵や彫刻のことをメディアと呼ぶ。富士山を表現するときに、絵メディアを使わない人もいる。富士山に落ちていた石、ゴミを拾って来て富士山と名付けるアーティストもいるだろう。

こうなると、自分に見えた富士山を絵メディアで表現しようとすらしていない。富士山というテーマだけが残った。新たな表現領域、現代アートの世界だ。

絵描きは、とりあえず絵が上手くなければしょうがない。絵メディアにひもづいた技能が飯のタネだった。

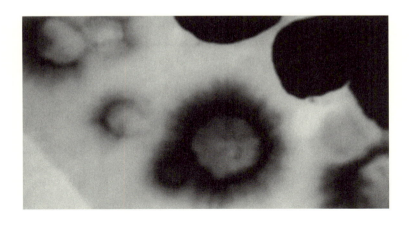

絵を売って飯を食べている人は、「やっぱり、手描きの絵のぬくもり、このタッチが凄いんですよ」と言って、絵メディアの特徴をいつの時代も言い続けるだろう。

ところが、いまやメディアは身の回りにたくさんある。

だから、**アートのイノベーション分野である現代アートは、コンセプトだけが生き残り、何を表現メディアとするのかの重要性は減っている。**

つまり、アーティストの付加価値は、彼らが生み出すアイデアしか残っていない。

メディアの多様化で、コンテンツとメディアが分離したのだ。

テレビや雑紙、新聞など広告メディアの動きと全く同じだ。

メディアで働く人はこういうだろう。

「やっぱり、紙をめくるこの感じがたまらないんだよね」

「大きな見出しが情報の重要性を示している」

新聞の整理機能、テレビの編成技能は、特定メディアにひもづいた技

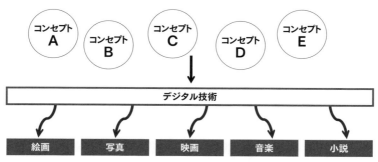

デジタル環境下では、コンセプトだけが表現の差異要件である

デジタル技術によって、表現形式の差異が消滅したとき、あとに残るのは表現コンセプトだけとなる。
表現は形式の境界を超える。

能だ。
それをそのまま違う領域に当てはめても上手くはいかない。
マンガのコマ割をそのままスキャンして電子書籍化しても読みにくい。インターネットでは時間編成ではなくオンデマンドにしたほうが見やすい。
タイム・ワーナーはメディア部門を売却してコンテンツ制作だけにビジネスを集中させた。ディズニーは、キャラクター・レバレッジ戦略に舵を切った。
ゲーミフィケーションを利用し、社会的貢献に参加できるコンテンツを作る作家もいる。
これからの表現は参加がキーワードなのだ。

第6節　作品は誰のものか？

ただ、コンテンツで生きていく、って人はどうしたらいいのだろう。
古今亭志ん朝師匠が落語のマクラで言っている。
「売れるってのもいいんですが、芸人ってのは、芸が一流だね、名人って言われるのが嬉しいんですよ」
でも、芸を磨いてれば食べていけるのか。
昔から芸がウマい！って人と、客が入る人は一致しない。
「いいテレビ番組なのに視聴率とれないのよねぇ」
「いい本なんだけど、売れないねぇ」
そんなのばっかりだ。
立川談志師匠の『現代落語論』（三一書房、1965年初版）にも、そんな一節がある。
人気の基準が笑いの量だけになってしまった、と。
ウケるという言葉にウマいという意味がなくなり、重視されるのは笑いの量だけ。
本が書かれたのは、高度経済成長期・大量生産の時代。モノだけでなく、笑いでも質から量への変換が起きていた。

でも、我々はいまロングテールって言葉を知っている。ファンが少なくても、確実に売れる芸が広まる流通経路があることを。
この質から量議論は、インターネット革命を経て、変化しているハズではなかったか。
この『現代落語論』から6年後。村木良彦氏の『ぼくのテレビジョン』(田畑書店、1971) に、ちょっと違う議論が書かれている。
あるライブでの会場の様子。内容に不満な会場から「『オレタチハ金ヲ払ッテイルンダゾ』という声が上がり、観客から支持された」という。
村木氏はこの状況を「表現者は、自分を売っている行為を〈表現〉というあいまいさにもたれかかり、買った側も買ったという主体的行動を忘れてしまった」と指摘する。
演技はモノとして残らない。演じる時間、楽しみを提供する。
談志師匠曰く、「演者とお客にリスペクトがないと芸は成り立たない」
それでも、お客は払った金額と楽しむ量を均衡させたい。
村木さんは「お金を払ったのは自分なんだから文句を言うな」と言う。
時代の変化か視点の違いか、お金を払っても主体性を持つべきであるという消費者的な視点が入り込んでいる。
独演会であれば、リスペクトを持った客しか来ないから、芸が成り立

つだろう。しかし、不特定多数に向ける場で、リスペクトを持った表現は成り立つのだろうか。
つい先日、今度は言われた側が、言い返した話を聞いた。
中日ドラゴンズの高木監督や選手がファンのヤジに「金を払ったら、何を言ってもいいのか?」と言い返したという。
今回は「一生懸命やっているのに、なんでそんなこと言えるの?」というモラルが論点だ。お金の話はどこかに飛んでいる。
もうひとつ、エンタメとお金に関わる面白い試みがあった。
2012年のゴールデンウィーク、横浜DeNAベイスターズが、試合結果によって返金可能なチケットを発売した。勝ちゲームは半額、負けは全額が返金可能になる。
結果は……。
5試合で、金額ベースでの返金率は47%だったという。勝ちゲームでも返金を求める人が半数以上いたらしい。
「勝ち負けだけでなく、いいプレイがあれば満足する」
「試合だけじゃなく球場自体をテーマパークにする」

そんな議論は甘いのだろうか。
先日、NHK「あさイチ」で実家を解体する特集をしていた。
そこに解体された家の木材で、小物入れやお皿を作る彫刻家の方が出ていた。作品作りを依頼したご老人は、完成された作品に、涙を流しお礼を言っていた。
テレビ朝日の「大改造!!劇的ビフォーアフター」でも、依頼者は、最後必ず匠に「先生、こんな素敵にしてもらって」と感謝する。
依頼料は高いはずだが、それでもお金を払う側が感謝する。
こんな話もある。
画廊の社長と話していてこんなことを言われた。
「『1億円出すから、この絵に何か描き加えて』と言われたら、します?」
どうだろう。
1億円だったらイエスでしょう。
では、「1億円で買うけど、燃やすぜ」って言われたら。
1億円で?ウームと思いつつ、また違うの描きゃいいと考えるに違いない。

これは、作品は誰のものか？ それはお金で買えるのか?という議論だ。
落語のような芸だったら、1億円で一生専属契約ということになってしまうだろうが、絵だったら違うのを描けばよい。
いや、その絵が複製されて永遠に利用料が入ってくる可能性もあるんだったら、この世から消されるのはイヤだけど。

第7節　表現をお金に代えるために

ともかく表現をお金に変えるのは大変だ。
談志師匠が嘆いた50年前の状況から、お金と表現の均衡圧力は、いまだ続いている。
それは、この50年が表現の権威付けの空白時期だったからだろうか。
松宮秀治氏が指摘する権力による展示の一部に、テレビも含まれると思うが、テレビによる表現の権威付けも視聴率という量に依存している。
いいね!やリツイートの量を追いかける方向性も、視聴率のコンセプトと同じである。
マスメディアとソーシャルの結託は、量を拡大するアナログコンセプトの再生産に過ぎない。
それよりも、談志師匠が言うウマい芸を権威づけし再生することが、メディアとしての権威付けとなるのではないか。
では、表現者はこの世知辛い世間をどう生きていけばいいのだろうか。
村木良彦さんは『ぼくのテレビジョン』で、「**テレビジョンによって何を表現するのではなくて、どのようなテレビをつくるかへの質的変換**」が必要である、という。
この言葉は、ゲーミフィケーションで社会貢献の物語を制作したクリング氏の考えとも共通している。
どのような表現をつくるのか？を考え続けると、どのような社会をつくるのかにも繋がってくる。
こうして考えると、表現者には、テクニカルな表現力ではなく、構想

力が必要であると痛感する。
生きていく場を作るのがまず肝心なのである。

第9章
メディアは砂場か？
身体的表現の拡大

第1節　身体的田植え体験

小さな路地を右折すると、奥深く谷が広がっている。
「おはようございます」
すれ違った子どもたちが、家の門に入って消えた。
ツツジの生け垣の背後に立派な鯉のぼりが翻り、その向こうに杉や竹、そして広葉樹林が見える。谷の中心を流れる廻りに棚田。水を張ったその棚田が田植えを待っている。
千葉県いすみ市正立寺(しょうりゅうじ)。ここは、江戸時代、日蓮宗不施不受派の人たちが西から辿り着いた場所だそうだ。なぜか土佐新田藩の領地だった。
そんな土地で田植えを手伝ってきた。
東京駅から海ほたる経由で1時間20分。大多喜のバス停から5分ほどで正立寺に着く。
田んぼを貸してくれる方の講義がさっそく始まっている。
「むかしは、田植えは女性の役目。男性は苗を配る役目でした」
「女性が、田植え中、立ったまま排尿するのを見てビックリした」
「自分が子どもの頃は、5月に田植え休みがあって、学校休んで田植

えを手伝いました」

機械植えに切り替わってからは、子どもは苗を田植機まで運ぶ役割だった。田植機で植えられない箇所は手で植える。家族だけで人手が足りないと「結」といって、知り合いが助けてくれた。

そんな話が終わって、いよいよ水が張ってある田んぼへ。

広さ2アールの細長い田んぼに、プールのレーンのごとく縄が張ってあり、そこに横1列5本ずつ稲を植えていく。

縄を横に張り、その縄に沿って植えるやりかたもあるし、いすみ市の少し北のほう東金市では前へ進みながら植えるという。

田植えにもいろいろなやり方があって面白い。

第2節　味を取るか？　お金を取るか？

田植えしたお米は8月末には収穫できるそうだ。ほかの地区より早く新米として売り出すと高値で取引される。そのため千葉県では早めに田植えをする地区が多いらしい。

なるほどねぇ。農家だって商売なんだ。

商売っ気のない人もいる。近隣のある農家さんの米は、いつもコンクールで賞を取るほど美味しい。ただ、まったく世話をしないそうだ。そのため、収穫量は少ない。つまり、儲からない。

味を取るか？　マーケット重視か？

第3節　食と映像市場

金か？　質か？　お米も他のビジネスと同じ悩みを抱えてる。

それに、いくら作っても米を食べる人が少なくなっては仕方がない。食生活の変化と米の関係性。これって、映像消費とテレビの関係とちょっと似てないか。

お米は食生活を支え、放送は文化、教育の普遍化を支えた。1980年代、衛星放送やケーブルテレビの登場で、テレビは多チャンネル時代

となった。

そして2000年代から消費者が自分で好きなときに好きな番組を選んで視聴するオンデマンド・サービスが始まる。映像に触れるのはスマホやタブレットといったテレビの外側に拡大した。

そんな変化をお米にあてはめると、まずテレビの多チャンネル化はお米の種類を増やすことにあたるだろう。多チャンネル化は、テレビ番組の数が増えただけだった。つまり、テレビ自体のニーズが増えないなかテレビ番組を多様化しても意味がない。それと同じで、米へのニーズが増えないのに、米の種類を増やしても意味がない。

オンデマンド・サービスは、3食でなく、自分の必要なときに、必要なモノを食べるのと似てる。グラノーラ、パスタ、ウイダーゼリーなどなど食の形態も多様化した。

食べたいものを食べたいときに食べる。そんな人間の本能が開放された社会。3食決まった時間に食べる習慣の強要は、時間毎に番組を編成するテレビ的なサービスと似てる。

第4節　寄合にみる身体的合意形成

民俗学者宮本常一が、土佐や対馬を歩き廻り土地の古老から、夜這や

馬喰など日本の古い風習を聞き書きした本『忘れられた日本人』(岩波文庫、1984)。とても面白い。

今から100年以上前の辺境のコミュニティ自治の仕組みが具体的に記録されている。

そんな古い話。久々に読み返すと、いまのビジネスマネジメントに通用することがたくさん書いてあってビックリした。

なかでも面白いのが、三日三晩話し合って合意形成する寄合の仕組み。数字やロジックで納得させるディベート的世界に浸っている自分にとって、忘れていた感覚を呼び起こしてくれた。

寄合では、一つの議題を集中審議するわけではなく、いろいろ寄り道をしながら各自が知ってることを言い合うそうだ。そのうちに、誰かが「もうこの辺でどうだろう」と声をかけると、一同OKとなる。

要は話すのに疲れて「まぁいいか」って場の雰囲気になるんだろう。いまの感覚だと「なんといい加減な(怒)」と思うだろうが、疲れるほど議論すると、不思議ともういいだろうという気になるのも確かだ。

数字やグラフとは違う納得感。腑に落ちる感覚。先人たちは、そんな合意形成の仕方をカラダでわかってたのではないか。

短期的成果を求める現代資本主義は、時間をかけて話し合う暇なんて

ない。対話や議論が面倒くさいと感じる中間管理職の人も多いだろう。会議はたいてい、幹部会議で決定した事項の連絡で終わる。それに異議を唱えて議論する場ではない。

それでも、いまの企業でも泊まりがけの合宿で経営課題を議論させることがある。あれこそ、現代の寄合である。

宮本常一が訪れた対馬のとある村では、こうした寄合が400年以上続いていたのだという。祝祭、イベント、合宿など、コミュニティ運営は身体的なコミュニケーションの積み重ねであることを優れた人たちは経験的に知ってるんだろう。

第5節　身体的読書部活

さて、この『忘れられた日本人』を久しぶりに読もうと思ったのは10 over 9 reading clubという読書会がきっかけだ。東北芸術工科大学客員教授の河尻亨一さんが関わってたので知り、参加してみた。

会ではまず本を読んだ感想を言い合う。別に本を読み込んでるわけでも、高尚なことを言うのでもない。井戸端会議のような感じ。『忘れられた日本人』に描かれる寄合のように、話題がいろいろなところに飛ぶのだが、それが楽しい。

こんな感じ。

「村起こしにIT企業を呼べば、いいんじゃないか」

「田植えのような共同作業でみんな知り合いになる」

「ITエンジニアの仕事は家に籠ってもできるからコミュニティは復活しないんじゃないか」

「だったら、祭りをやればいい」

「ヒルズでも盆踊りやってたぐらいだから、盆踊りは盛り上がる」

「浜町でもBON DANCEってのがある」

一通り話しをしたあとは、全員の前で5分間スピーチが待っている。こうした仕組みをビブリオバトルというらしい。

3時間あまり、一室に缶詰になって互いに感想を述べ合う。最後はなん

となく一致した意見にまとまる。
まさに、寄合じゃないか。
本に書いてあることが腑に落ちる。久々に知的興奮を味わった。

第6節　自産自消するコンテンツ

オンデマンド・サービスは、多様化したコンテンツの流通革命だった。
いまモノやコンテンツは、3Dプリンタ、ゲーミフィケーションなど自分で作って自分で楽しむ段階に突き進んでいる。
自分が田植えに参加したのも、消費するだけでなく生産したい、そんな気持ち。スーパーで米を買うだけではモノ足りない。スマホを手にして動画を撮って、配信してしまうのと似た感覚である。
河尻さんは「モノからコト」ということを言っている。本を買うだけでなく、読書会に参加する。本を媒介に、コミュニケーションすることが楽しいのである。

農や食も同じであろう。

イノベーションは現状の延長線上にはない。映像市場のイノベーションは既存権益であるテレビの外側に急激に拡大した。

農業にもそんないままでと違う領域を開拓する新たな動きとして関わっていきたい。

第7節　マインクラフト　創造性を掻き立てる砂場

マインクラフト（Minecraft）というゲームにハマっている。1個26.95ドル。2011年の販売開始以来パソコン版が1,864万個売れ、ユーザーは1億人を突破した。

ロンドンに住む甥っ子たちが楽しそうに遊んでたので、自分でもやってみた。

これがかなり面白い。

デジタル版のレゴとでも言ったらイメージがつくだろうか。マインクラフトもパソコン画面上でレゴのブロック的なものを積み上げて、建造物を作る。マインクラフトではゲーム内の土地を掘ってブロックを得る。固い鉱物や干し草とか、いろいろな種類のブロックを掘り出して、それを積み上げるのだ。

マインは"mine"＝鉱山、クラフトは"craft"＝工芸。つまり、掘って好きなものを作るのがマインクラフトである。

この作る作業にいつの間にか没頭し時間が経つのを忘れてしまう。小学校の図工の時間に戻った感じ。

ゲームや映像の世界は、リアルの再現が一つのテーマである。テレビの世界で話題になっている4Kや8Kもそうだし、プレステなどの家庭用ゲーム機でプレイする戦争モノやスポーツ系のゲームは、風でたなびく水面や崩壊するビルのガレキの飛び散る様子、バスケットボールチームの全選手の動きをリアルに再現する。

マインクラフトは、その逆をいってる。ブロックで人間や動物も表現するようなアニメ的な表現である。風景や質感にリアルを求めていない。

それに、もし掘ったり建築するのに疲れたら、なにもしなくてもいい。すると、いつの間にか遠く夕日が落ち、夜が来る。そして朝が来る。雨も降ったりする。時間の主導権はゲーム側じゃなくて自分にある。

つまり、マインクラフトのリアルさは時間にある。

数年前にセカンドライフという同じようなゲームがあった。マインクラフトよりは、リアルな感じ。しかし、あまりに重すぎて上手く動かなかった。

マインクラフトのようなゲームを箱ゲー（英語で sandbox、つまり砂場、箱庭）というらしい。以前、Xbox版グランド・セフト・オート（Grand Theft Auto）という箱ゲーを買ってやってみたことがある。こちらの舞台はマンハッタン的な街角。ビルの落書き、質感、人間の表情などがリアルに再現されている。しかし、なぜかグランド・セフト・オートは途中で止めてしまった。

自由度が小さかったのだ。

マインクラフトは自分でなにかを創造する楽しみがある。文章を書いてるのと近い。

そんなマインクラフト。

ちょうど『マインクラフト――革命的ゲームの真実』（ダニエル・ゴール

ドベリ、リーヌス・ラーション著、羽根由訳、KADOKAWA/角川学芸出版、2014）という翻訳本が出たので、早速買って読んでみた。

この本には、制作者のマルクス・"ノッチ"・パーション（Markus Persson）の恵まれてるとはいえない生い立ち、マインクラフトを作るに至った様子や、スウェーデンではアパートの改築計画（My blocks Sweden）に利用されたり、アメリカとフィンランドでマインクラフトが教育現場に利用されてる様子が紹介されている。

ゲームに限らず、受け手の創造性を促すクリエイティブに関わる人にとって、マインクラフトの成功は研究する価値がある。

第8節　砂場的メディアなのか？　プラットフォームなのか？

映画は1910年代にスタジオがハリウッドに集結して以来、表現の王様だ。アメリカではテレビやネット配信プラットフォームだって、映画スタジオの傘下にある。

しかし、誰もが2時間暗闇に座って映像を見続ける表現が成立し続けるなんてことがあるんだろうか。

とくに、これから無数のスマホが、映像を大量生産するときに、映画だけが影響を受けないはずはない。コンテンツはもっとインタラクティブ性を持ったなにか（映像がインタラクティブ性を持つという意味ではない）に変わるかもしれない。

映像が大量生産＆消費される＝群像の時代に対応すべく、先進的な企業、たとえばディズニーは、**いまや映画アイアン・マンでなくキャラクターアイアン・マンに価値を見出す。**

映画という表現フォーマットでなく、キャラクターでビジネスを組み立てようとしている。

こうしたディズニーのキャラクター戦略は、タレント・エージェンシーの仕事そのものだ。

メディアが再構築される時代。とくに、ソーシャルメディアは少数のキュレーターが実権を握る領域ではない。だから、やる気になれば、

自分で自分の場を作り出せる。タレントにとってメディアと仕事をするB2B2Cの商売からB2Cに移行できる。

ただし、まだどのプラットフォームも寿命が短いから、次々と新しいテクノロジーを見つけ、手を出していくことが肝心だ。

この誰かが作った作品を共有するだけだった素人もソーシャルメディアに大量の作品を生み出すだろう。そのなかから少数のクリエイティブが生き残っていくに違いない。ディズニーがYouTube向けの制作プロダクションMaker Studioを5億ドルで買収したのは象徴的である。

そんなことを考えてると「ネット？　わからない」って感じは、自らの未来を狭めてる気がする。

文化は社会の鏡であるなら、テクノロジーを無視するのはかえって不自然である。落語だって、その時代の空気を少しずつ取り入れてきたから生き残ってるのだ。

ともかくエンジニアや素人だけがテクノロジーに関わるのはもったいない。

1910年代にハリウッドにスタジオが集結して以来100年。デジタル・テクノロジーは新たな表現領域を生むだろう。

第10章

映像の民主化
安価が高価を駆逐する

第1節　　制約が生むクリエイティブ

Vineというスマホの動画アプリ。2012年10月にTwitterに買収された後、2013年1月にサービスを開始した。
Vineでできることは動画の撮影と編集、シェアの3点。そして、撮影、公開できる動画の長さはわずか6秒である。編集といっても、撮影したコマの順番を変えるだけ。
そのコマの順番を変えることで、見てる人を面白がらせるオチつきの映像作品がたくさんアップされている。なかでもReikaさんのVineは序破急3段オチでとても面白い。
当初はアートな動画が多かった気がするが、いまはオバカな動画であふれている。オバカといっても、編集されてるのだから作者の意図が投影された映像表現である。いわば、コンテキスト（文脈）のある映像版俳句。
制約が名作を生む。よく聞く言葉である。Vineが持ち込んだ6秒とコマ編集は、その制約によって映像世界のフロンティアを拡大している。

第2節　ダイジェスト化する思考

Twitterの140文字や、Yahoo! ニュースの15文字のタイトル。デジタル上の伝達表現はとても短い。米国Yahoo!のマリッサ・マイヤー（Marissa Mayer）CEOは、「tl；dr」（too long, didn't read）。つまり、長文の記事は誰も読まないってことを2014年のCESで話していた。

長文どころではない。とある出版社の方は「タイトル見ただけで内容をわかったような気になってる人が多い」と言っていた。本の価値はタイトルにしかないのか。

よかれと思ってつけたタイトルが、本を買わない理由になっているという矛盾。そんな無間地獄。

次から次へと新しいものを求める欲望。同じ地点に立ち止まる時間がどんどん短縮化する。

先日、J-WAVEのPRIME FACTORという番組に出たときに、DJのショーンKさんが、こんなことをおっしゃられていた。

「世の中が全てダイジェスト化してる」

昔は、深夜であろうと最初から終わりまで見た五輪の試合。しかし、いまは、メダルを取った演技の、さらに見所を抜き出した場面だけを

ネットで探してしまう。
タイトル、ダイジェスト、見出し、梗概、人の気を惹くために便利さを追求したツールが独立し世間を徘徊している。Twitterのリツイートだって、実際記事を読んでるか怪しいものだwww
便利さは、社会の進歩であり企業の利益の源泉と考えられてきた。冷凍食品、ウィダーゼリー、カップラーメン、それに数ある電化製品。
「急がば廻れ」ということわざで諫められるくらい面倒くさがりなのが人間だ。面倒くさい人間に変わって機械が仕事を代行するのが便利さだった。
そんな便利さが、デジタル化で人間の思考にまで入り込んでくる。食品や電化製品で起こったような面倒くさがり向けの便利さがメディアにもたらされる。人間がメディアに合わせた行動を取ることもなくなるんだろう。メディアのデジタル化の帰結はそこにある。
そして、面倒くさがりの人たちに「この記事は読むべきである!」という論法は通用しない。文盲率がほぼ0%だからって、全員がコンテンツ好きなわけではない。

電化は生活をダイジェスト化した。デジタル化は思考をダイジェスト化する。

情報発信側にとって思考のダイジェスト化は、なにか悪いことのように思えるけれど、もともと興味ない人たちにとってその風景は何ら変わらないのだろう。
全世代がインターネット・ネイティブになったとき、文化や思考は昔のように一部の人のものに収斂していくのかもしれない。

第3節　　実況動画にハマるキッズ

遊びに来た甥っ子たちがテレビも見ず、ご飯も食べずにiPadを熱心に覗いてる。
いったい何を見てるのか? 「ほら」と言って見せてくれた画面に、スーパーマリオが映っている。

彼らが見てるのは実況動画といって、素人がゲームをしてる様子を撮影してYouTubeにアップロードしたもの。YouTubeで実況動画を検索すると、20万件以上ヒットする。

単純にゲームの様子を映してる動画もあるが、なかにはかなり凝った編集の動画もある。たとえば、ぬどんさんという方は、テレビ番組のパロディ的な実況動画をたくさんアップしている。これが実に面白い。11歳の甥っ子リンタロウは、テレビよりそうした実況動画を見て育った。弟のヨッシーもソウタも。

彼らにとって、いちばん身近な動画は、テレビ番組ではなく、ゲームの実況動画なのである。

Vineのように、いまではスマホでも動画の撮影と編集が行える。リンタロウも、最近凝っているマインクラフトの実況動画をYouTubeにアップするのが夢らしい。

落語「たいこ腹」の若旦那が覚えたての鍼を試したくなるように、身近にツールがあれば、誰もがやってみたくなるのが人情である。

「編集なんてできないよ」と思う大人もいるだろう。そんなときは、子どもの頃見ていたテレビを思い返そう。**テレビこそ無料の映像学校である。**ぬどんさんの実況動画もテレビのパロディが随所に入ってい

る。
プロは素人の作ったものをバカにするが、映像だっていろんなカタチがあっていい。

YouTubeには1分間に300時間以上の映像がアップされ、10億人超えのユーザーがその映像を視聴している。

無数のスマホがカメラとして日常を切り取り続け、そのなかの一部が新たな表現として生き残るのだろう。

第4節　　群像時代のテクノロジー

人形町の甘酒横丁。駅から明治座に向かうちょうど真ん中あたりにある居酒屋「笹新」。夕方5時の開店前にすでに何人かのオジサン。
そのオジサンの横にはベビーカーを押す女性、明治座帰りのオバサンたち、などなど狭い歩道は結構人通りが多い。ただ当然だが、誰かにキュー出しされて動き始めてるわけでなく、それぞれ自律した動きをしてる。
その自律した個々の動きを表現する映像手法はないか？　そこで思い出しのが、テレビは時間であるという言葉。
テレビは視聴者の時間とシンクロしないと成立しない。と同時に、被写体ともシンクロしなければ成立しない。だったら、自律した個々の動き、つまり複層化した時間を表現するには、スクリーンを分割して複数の映像を同時に映したらどうだろう。勝手に放送しながら、誰も見てないってわけにいかない。ただ、テレビの時間は視聴者に合わせることが出来ない。視聴者が一方的にテレビに寄り添わなければならないのが難点である。
スマホもタブレットも無かった時代は、それでもテレビの送り込む時間に合わせてくれる人は多かった。それが、録画機の浸透やソーシャルメディアの成立後、複層化された時間のなかで、テレビのタイムラインはそのひとつに埋没する。
アメリカのテレビドラマ「24 - TWENTY FOUR」に、デジタル音が

時を刻みながら、画面が分割されていき、ジャック・バウワー、容疑者、CTIオフィスにいる人たちが同時に映し出されるシーンがよくあった。

同じ時刻に、それぞれが違う行動をする群像描写。

「24」のこの群像描写を見たときに、心を鷲掴みにされた。

ただ、この「24」の群像表現をテレビで見られるのは、放送技術あってこそ。YouTubeのオススメ動画がつねに再生されていたら、ネットワークやサーバーの負荷は大変なことになる。それにスマホで同時再生できる映像は1個だけらしい。

こうした群像表現をネットで実現するテクノロジーもある。Gnzo社のファブリックビデオは、映像を分割・統合し、一つのスクリーンに同時に複数映像を配信する。

ファブリックビデオを採用すれば、YouTubeのサムネイル画像がすべて動画再生できたり、「24」のような画面分割した表現も可能。

こうしたコンテンツだけでなく、実況動画やスカイプ、本の中身やウェブページなどなどこれからあらゆる情報が映像としてスクリーンに配信されるのであれば、ファブリックビデオはそれらを支える重要なテクノロジーではないか。

第5節　安価な映像が高価な映像を駆逐する

「24」はコンテンツとして昇華された高価な映像である。対照的に、スマホで撮影される安価な映像。テレビと違って、誰に見られたいわけでもない映像が氾濫する。それは、ちょうど街角にたむろする群衆と同じ群像だ。

コンテンツとしての高価な映像とコミュニケーションのツールとして使われる安価な映像が入り交じる群像の時代。

「悪貨は良貨を駆逐する」ではないが、量で凌駕する安価な映像は、映像がコンテンツとしてしか存在し得なかった時代にできた映像文法を変化させるだろう。

それに、画像なみに映像が安価になれば、多くのウェブサイトのデザインも変わる。

画像を多く使い縦長デザインになっているウェブ通販のサイトは、なかなか購入ボタンに辿り着けないが、映像を使えば省スペースとなり、購入までの導線が短縮化される。

パソコンのファイルフォルダ、不動産の部屋紹介などなど。画像が映像に置き換わる事例も増えていく。

それも、誰かのキュー出しよろしく、クリックすると映像再生が始まるデザインではない。

街角の群衆と同じ、自律的に自動再生されるのだ。

20世紀は映像の世紀であるとは先人の言葉。21世紀は群像の世紀である。

第11章
非中央集権化時代のコンテンツビジネス

第1節　巨大なクラウド出納簿　ビットコイン

いろいろ騒がせてるビットコイン。デジタルマネーの一種とだけ捉えてると未来を見誤る。

マネーというより、マネー取引の記録方法がビットコインのイノベーションである。 コインそのものよりも、その記帳システムが画期的なのだ。

紙と鉛筆の時代は、月末の締め日に領収書を添付して、売上経費を管理した。あるいは、棚卸し日に、店を早めに閉めて、商品の個数を数えた。

ビットコインは、そうした取引管理をリアルタイムで行う。このリアルタイムな帳簿入力が新しさの一つである。

これは、ゲーミフィケーションとクリエイティブの箇所で、リアルタイムのフィードバックがソーシャルゲームのイノベーションと指摘したのと同じである。スマホのソーシャルゲームは、ゲーム終了後、スグに世界中のランキング表が更新され、自分の順位が逐次変動する。

スマホのゲーム点数集計と順位表更新は、アップルやガンホーといったプラットフォーム提供者が行う。店舗のPOSもシステム管理者が一度に更新する。

ところが、ビットコイン・システムでは、その取引管理を世界中に散在する他人のパソコン（ビットコインの持ち物でもなければ、どこか一社の提供するサーバーでもない）で一斉に行うのがミソである。（あなたのパソコンも参加できる）

では、あなたを含め、その取引を記録することに参加するメリットはなにか？　ビットコインは、新しい取引記録を付け加えるときに、それまでの記録を暗号化する。暗号化には、特殊な計算値が必要なのである。その値を見つけるには、とても時間のかかる計算が必要であるが、その値をいち早く見つけた人に一定のビットコインが割り当てられる。この報酬が、世界中のパソコンがビットコイン・システムの台帳記録に協力する目的である。

非中央集権化時代のコンテンツビジネス 第11章

その計算値が見つかったら新旧の取引記録を暗号化し保存、ビットコイン参加者全員に台帳が共有される。

この更新時間が10分。リアルタイムといっても、10分かかってしまうリアルタイムである。

それでも、10分毎にビットコインというコインを介した世界中の決済が記録され続けている。

つまり、ビットコイン・システムは巨大な出納簿であり、棚卸台帳なのである。

第2節　ビットコインをコンテンツビジネスに利用する

こうしたビットコインの仕組み。ビットコインをコインじゃないことに使ったらどうなるか？

ビットコインはコミュニティの共同記録簿だ。

そこで記録する対象をコインじゃなく、コンテンツにしたらどうなるのか？

自分の買った電子書籍を一冊友達にあげる。コインと同じで、友達に電子書籍が移動する。自分の手元には残らない。電子版でも勝手コ

ピーが出回らない。その記録をその電子書籍愛好者グループで共有する。
電子版の勝手コピーを防ぐために、高度なDRMを開発したり、専用端末を売る必要がない。電子版を紙のように扱い、仕組みをデジタル化（ネット化）するのだ。これはかなり革命的だ。
コンテンツを編集、流通させるメディア機能と資本主義が結びつき、出版社やレコード会社のようなメディア企業が生まれた。その役割を共同記録簿としてのビットコインが担う。30年後、エンターテイメントはもっと身近な娯楽に変化していくのかもしれない。
いや、出版社やメディア企業が、サーバーに投資し、数量をコントールしながら、「ビット・ブックス文庫」を立ち上げてもいい。
エンタメに限らず、カーシェアとか、土地登記、居酒屋やライブの席予約システムとか……。ビットコイン・システムの法人向けソリューションは、新たな起業分野として有望である。
ともかく、ビットコインをマネー的側面から論じても、その可能性を捉えきれないであろう。

第3節　大量のコンテンツにモバイル・ペイメント

スマートフォンの決済機能モバイル・ペイメント。
ユーザーの位置情報と購買活動のデータは、自らチェックインしなければ、誰もわからなかった。そこに、ソーシャルメディアの限界があった。
しかし、チェックインしなくても、お金を払う仕組みをスマートフォンが担えば、どこで何を買ったのかが、データとして集積される。
スマートフォンは、我々の消費・生活行動をインターネットサービスにより入り込ませ、日常をインターネットに刻印していく。
そんなモバイル・ペイメント機能は、生活必需品じゃない表現に関わる全ての人たちにもプラスに働く。
書店や画廊しか流通経路がないアート。放送が大きな役割を持つ映

像。いままで、届いていない生活シーンに表現を届け、その場で決済できれば、コンテンツで食べていきたい人にとって朗報だ。

第4節　モバイル・ペイメントの3タイプ

広義のモバイル・ペイメントは、3つのカテゴリーに分けられる。①メール送金タイプ、②簡易クレジットカード読取タイプ、③おサイフケータイタイプ、である。
①のメール送金は、ずいぶん昔からあるサービスである。メールで受取人と金額を銀行にメールすると、受取人に銀行から専用サイトのURLがついたメールが届き、そこにアクセスして受け取り口座等を登

モバイル・ペイメントの種類

利用シーン	概要	展開企業	競合
メール送金	アフリカなどの新興国で成長。銀行口座はないが、ケータイ電話は持っている人が多い市場で、SMSで送金などの手続きをする。	ボーダフォンのM-Pesaなど、欧州キャリアが、アフリカ市場開拓のために、農業振興などと組み合わせ、展開。	銀行
口座管理など	モバイルアプリで送金、残高確認などが可能。	銀行	特になし
簡易型クレジットカード読取	クレジットカード決済を店舗のスマートフォンで可能にする。	Twitter創業者が起業したSquareや日本ではコイニー（Coiney）など。	クレジットカード
おサイフケータイ①QRコード	自分のスマートフォンにアプリをDL。プリペイドカードを購入すると、チャージされる。店舗では、アプリのQRコードをリーダーに読み取らせる。	スターバックス	クレジットカード
おサイフケータイ②SoftcardなどNFCを利用する	対応端末でのみ可能。対応端末を店舗でリーダーにかざし決済。	Softcard、Google・ウォレット	クレジットカード

録すると、お金を受け取れる。SMSでは、送受信される電話番号が一種のセキュリティーとなっていた。

日本では、イーバンク銀行が「メルマネ」というサービスを2001年から始めていて、現在もイーバンクを受け継いだ楽天銀行が提供している。ケータイWOWOWをやっているときに、イーバンクに提携の話をしにいったのを覚えている。

それに、アメリカの銀行もやっていて、出張時テレビCMでよく見かける。

このメール送金、銀行口座を持っていない新興国の人たち向けにも利用されている。

たとえば、イギリスの通信キャリア、ボーダフォンは、アフリカ新興国で、種子や肥料、農機具を買うために、住んでる田舎から都会まで何時間もかけて出てくる必要のある農民に対し、ケータイで送金から発注まで済ませられるサービスを提供している。

送金サービスと一緒に、天候などのデータ配信といった付加価値を付けているのだ。

新興国のメール送金サービスは、銀行口座を持っていない人向けの産業融資、いわゆるマイクロファイナンスと結びつき、成長しているのである。

第5節　クラウド型スターバックスのモバイル・ペイメント

いっぽう、アメリカや日本でのおサイフケータイ的なサービスはどうであろうか。

おサイフケータイには、大きく2つの方式が存在する。①NFC（Near Field Communication）を使った方式と②QRコードなどを表示させる方式である。

NFCは、2010年のCES（Consumer Electronics Show）で少し話題になったと思う。その後、2012年のバルセロナMWC（Mobile World Congress）でもモバイル・ペイメントブースが場所を取っていたし、ア

非中央集権化時代のコンテンツビジネス **第11章** 173

メリカの通信キャリアが主体となって運営するISIS（現在はSoftcardに社名変更）が大規模なセッションをしてた。

CESやMWCで話題になるってことは、NFCはハード（つまり、機器にチップを入れる）が必要なサービスであるということ。

つまり、NFC方式を消費者が利用するには、NFC対応の端末を持ってないといけないし、店舗側もNFC対応リーダーを新たに整備する必要がある。

このハード主導の手法が、テレビやクラウドの章でみたとおり、マルチデバイス時代の世の中で、NFC普及の大きなハードルとなっていた。

ただ、iPhone6に搭載されたり、次第に環境は整ってきている。それよりもハード機器を必要としないクラウド系のモバイル・ペイメントサービスがいち早く拡大している。

たとえば、スターバックスは、iPhoneアプリをレジで差し出すだけで、コーヒー代を払える。

先日シリコンバレーに出張したときも、現地の友人がiPhoneで払っていた。

「それなに?」と問うと、「コーヒー代を支払うアプリ」との答え。

彼曰く、残高が10ドル以下になると、自動チャージされるという。店舗でプリペイドカードを購入、サイトでクレジットカードを登録しておく。スターバックスでは、こうしたモバイル・ペイメントでの支払いが、週に300万回を超えている。

1セントと10セントの混じった釣り銭をじゃりじゃりさせる私を見ながら、彼が言う。

「俺は財布をもう持っていない」

ワオ。

第6節　流通革命段階のモバイル・ペイメント

もうひとつ、簡易型カードリーダーとでも呼べるサービス。これは、店舗保有のスマートフォンのイヤホンジャックにカード読み取りリーダーを装着し、店舗の負担をなくすものだ。

このサービスは、通常のクレジットカードより安い加盟店手数料で、しかもカードリーダーが不要である。

クレジットカード市場は、VISA、MASTERやJCBといった国際ブランド企業と、審査などをして「○○VISAカード」といったクレジットカードを発行するイシュアー（Issuer：「issue」発行する人）、それに加盟店を獲得するアクワイアラ（Acquirer：「acquire」「獲得」する人）がいる。

簡易型カードリーダー方式は、安価な手数料を武器にしたアクワイアラ商売である。つまり、既存の加盟店や、いままでクレジットカードを導入できなかった店舗をターゲットにしている。

このタイプは、Twitter創業者が始めたSquareが有名。というより、Twitter創業者が始めたということで、モバイル・ペイメントというと、このSquareのようなタイプだけがバズっている。

しかし、Squareは既存ビジネスに安価な利便性を持ち込んで成長する流通革命段階のビジネスであり（それ自体、否定するものではないが）、スマートフォンだけで、支払いが完結するスターバックス方式のほうが、より進化しているといえる。

Square型ビジネスとクレジットカードの競合関係

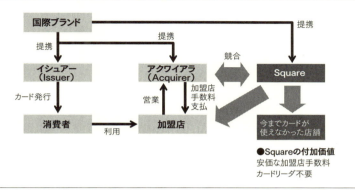

Square型とスタバ型の違い

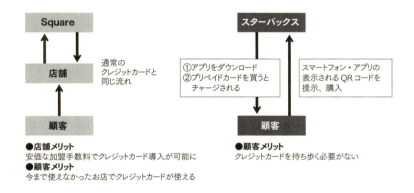

ユーザー視点で考えると、依然としてクレジットカードを持ち歩かなければならず、断捨離には結びつかない。

Squareとクレジットカードのアクワイアラの競合関係は、ケーブルテレビの顧客を狙って低価格で映像配信サービスを提供したネットフリックスと似ている。そして、映像市場は、パッケージ流通のネット革命から、ソーシャルを介したクリエイティブ革命にその段階が移りつつある。

モバイル・ペイメント市場は、低価格競争の次にどんな進化が待っているのだろうか。

第7節　モバイル・ペイメント拡大とコンテンツ市場

Squareやスターバックスなどは、店舗用の顧客ロイヤリティプログラムを提供している。

スターバックスのアプリでコーヒーを購入すれば、その頻度に合わせたポイントが溜まる。Squareのアプリを起動すると、ユーザーの位置情報から近くの店舗紹介が表示される。

手数料競争の次は、こうした来店促進のマーケティングツールなどの小売店経営戦略のデザインに競合ポイントが移るだろう。

ただ、我々がモバイル・ペイメントの未来を見越すときには、消費者視線に立つことが重要である。

消費者にとってリアルな小銭やクレジットカードより、モバイル・ペイメントのほうが使いやすかったり、購買活動が楽しくなければならない。**おそらく、その答えは、リアルタイムなフィードバックにある。お金は単なる商品との交換ツールである。しかし、そこにモバイル・ペイメント企業が入ることで、より消費を促進する手法が生まれるかどうか？**　それが、この成長性豊かな市場の拡大要因となる。

非中央集権化時代のコンテンツビジネス 第11章

プリペイド＋スマホ型は小売店で最強ペイメントモデル

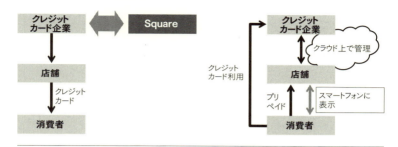

モバイル・ペイメントの売上（2012年度）

	日本	アメリカ
全体小売市場規模	137.6兆円	4.4兆ドル
コマース（対全体比）	6兆円（4%）	2,300億ドル（5%）
モバイル・コマース	1.5兆円	248億ドル
スマートフォン普及契約数	4,000万件	1.5億件

（数値は総務省統計、eMarketer より）

第12章

次世代コンテンツビジネスのヒント
コンセプトをつなぎ合わせるプラットフォーム

第1節　自動化という代替性の洗礼

21世紀にはいって、広く既存のビジネスは、インターネットとデジタル・テクノロジーがもたらす代替性の洗礼を受け続けている。
それより前の高度成長期、経済的合理性を担保する機械化・自動化で、モノを生産する工場が無人化された。今度はサービスの番だ。
たとえば、メディアやコンテンツサービス業界では、『明日のメディア』で描いたアドテクノロジーが市場（マーケット）取引を発明、メディアのプレミアム価格を平準化し、企業と消費者を直結させた。
スマホによってインターネットとリアル空間が融合し、消費者の日常行動がデジタル刻印されていく。そして、そのデータが市場で値付けされるのだ。
マーケティングビジネスは消費行動のマネタイズであり、その価格決定権は長くメディアにあった。しかし、データの市場取引所はメディアからその特権を奪い、その収益を減らす。
それは、メディアが負担していたコンテンツ制作コストを誰が担うのか？という問題に帰結する。解決策のひとつは、第4章に書いたようなNPO化である。ただ、こうした解決策は、いまある枠組みの代替アイデアである。
メディア・コンテンツ領域には、もっと根本的なイノベーションが待っているように思える。

第2節　表現からコンセプトへの移行

たとえば、コンテンツ制作がデジタル・テクノロジーによって機械化・自動化されてしまうとどうなるのであろうか。
再現性の少ないコンテンツ制作作業を、写真機に始まる複製技術が担い、著作権で固定化されたイメージの頒布はメディア企業を巨大化させた。
ところが、この複製技術の独占は崩壊しつつある。アジアを旅すれば、

次世代コンテンツビジネスのヒント　コンセプトをつなぎ合わせるプラットフォーム　第12章

タバコを吸うドラえもんや太ったマクドナルドのピエロをプリントしたTシャツが山と積まれている。一種類のゲームしかできないPS VITAもどきが500円くらい。流行りのドローンだって2,000円くらいで買える。

テクノロジーのデジタル化とは、一子相伝やギルドと呼ばれる職工組合から現代の標準化団体まで、あるサークルで独占されるべきものだったテクノロジーを一般に解放してしまう。

消費者が作品を無限コピーできるのであれば、そのビジネス的価値は低下する。

だったら、完成前の作品コンセプトはどうか？　クリエイターの頭のなかにあるコンセプトはコピーできないのではないか？

いまや現代アートの表現は、モノとして提示される作品でなく、コンセプトだけでも成立する。

これから、コンテンツ領域の表現がコンセプトや企画になるとして、それをどのようにビジネス化したらいいのだろうか？

第3節　プロットを組み合わせるプラットフォーム

たとえば、神話や昔話のプロットを分解しモジュール化した物語のプラットフォームなんてものは成立するのだろうか。

お好みの主人公や舞台を設定すると、そのプロットをつなぎ合わせて自動で物語を作成する機械。センサーが取得するデータ、たとえばその日の気温や天気で文脈が変化する。表現形式もテキストのみでも映像がついてもいい。

完成品を流通させるビジネスに成長が見込まれないなら、部品を流通させてはどうか。コンテンツをプロットに分解、タグ付けし、お好みに合わせてつなぎ合わせる。

つなぎ合わせる行為は複製できないが、物語のプロットは何度でも使える。つまり、ビジネス化できる。

完成品を流通させるプラットフォームはアップルやグーグルに独占さ

21世紀のコンテンツ・プラットフォーム—プロットを組み合わせ提供

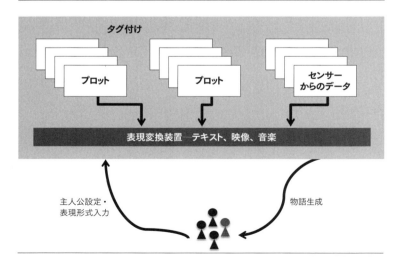

れている。次世代のプラットフォーム市場で覇権を握るには、コンテンツを分解し、再構築する仕組みを考えるのが最良である。

おわりに──アジアの片隅で

この本は2012年から2014年まで、世界を旅しながらメディアとコンテンツビジネスの行く末について考えたことをまとめたものである。
この15年、新たなテクノロジーはシリコンバレーから生まれ、それを日本に導入すれば、大きなビジネスになった。
だから自分の興味も欧米市場にあった。
しかし、タイムマシンビジネスだけでは飽きがくる。そんなとき、違法コピーや海賊版があふれかえるアジアの現状を目の当たりにした。
著作権と複製技術の独占によるコンテンツビジネスはそろそろ限界がきているのではないか？　そう直感した。
とにかく、ビジネスと相容れない表現や作品で商売するにはどうしたらいいのか？　海賊版と正規版の蔓延がシンクロしてしまう世の中である以上、なにか違うことを考えなければならない。自分のなかでもやっと遠く光明が見えたにすぎないが、とにかく考え続けることが大切だ。そんな考え続ける人にとって本書がなにかのヒントになれば幸いである。
ポット出版の沢辺均社長、那須ゆかりさんにはたいへんお世話になった。また、神保町の酔仙酒店で、偶然違う席で飲んでいた沢辺社長を紹介してくれた池田"チェ"敬二さんにも感謝します。

■著者プロフィール

志村一隆
しむら・かずたか

メディア研究者など。水墨画家アーティストとして欧米で活躍。1991年早稲田大学卒業、WOWOW入社、2001年ケータイWOWOW代表取締役を務めたのち、情報通信総合研究所主任研究員。著書『明日のテレビ』（朝日新書、2010）『ネットテレビの衝撃』（東洋経済新報社、2010）『明日のメディア』（ディスカヴァー携書、2011）などで、欧米のスマートテレビやメディアイノベーションを紹介したメディア・コンテンツ分野の第一人者。
2000年米国エモリー大学でMBA、2005年高知工科大学で博士号取得。
連絡先は shimurakazu@gmail.com

■初出一覧

JB Press
2012年3月～2014年5月

あやぷろ
2012年2月～2013年12月

独立メディア塾
2014年1月～2014年12月

書名	群像の時代　動きはじめたメディアコンテンツ
著者	志村一隆
編集	那須ゆかり・沢辺均
ブックデザイン	山田信也（スタジオ・ポット）
カバー・本文写真	志村一隆
発行	2015年5月25日　第一版第一刷
希望小売価格	1,800円+税
発行所	ポット出版

150-0001 東京都渋谷区神宮前2-33-18 #303
電話　03-3478-1774　ファックス　03-3402-5558
ウェブサイト　http://www.pot.co.jp/
電子メールアドレス　books@pot.co.jp
郵便振替口座　00110-7-21168　ポット出版

印刷・製本　─── シナノ印刷株式会社

ISBN 978-4-7808-0220-7 C0036　©SHIMURA Kazu

Write your story —Freedom of expression for the mobile born generation
by SHIMURA Kazu
Designer: YAMADA Shinya

First published in Tokyo Japan,
May 25, 2015
by Pot Publishing

303 2-33-18 Jingumae Shibuya-ku Tokyo,
150-0001 JAPAN
E-Mail: books@pot.co.jp
http://www.pot.co.jp/
Postal transfer: 00110-7-21168
ISBN 978-4-7808-0220-7 C0036

書籍DB●刊行情報
1　データ区分──1
2　ISBN──978-4-7808-0220-7
3　分類コード──0036
4　書名──群像の時代　動きはじめたメディアコンテンツ
5　書名ヨミ──グンゾウノジダイ　ウゴキハジメタメディアコンテンツ
13　著者名1──志村　一隆
14　種類1──著
15　著者名1読み──シムラ　カズタカ
22　出版年月──201505
23　書店発売日──20150525
24　判型──4-6
25　ページ数──188
27　本体価格──1800
33　出版者──ポット出版
39　取引コード──3795

本文●ラフクリーム琥珀N　四六判・Y・71.5kg（0.13）／スミ（マットインク）
表紙●気包紙U-FS・ディープラフ・L判・Y・215.5kg／1C/1C・TOYO10066
カバー●ミルトGAスピリット・スノーホワイト・四六判・Y・110kg／プロセス4C／グロスPP
組版アプリケーション●Adobe InDesign CC (2014)
使用書体●築紫明朝　築紫ゴシック　コウガグロテスク　電子書籍版も同じ書体で表示できます。
2015-0101-2.0

書影としての利用はご自由に。
写真だけの利用はご連絡ください。